만화로 보는

# 교직실무

만화로 보는

# 교직실무

| 남정권 저 |

학지사

• What is the most valuable in this world is to applaud God •

# 머리말

아름다운 마음을 가진 사람은 언제나 아름다운 생각을 꿈꾸나 봅니다.

처음 만화를 사용하여 교직에 관한 내용을 책으로 정리하고자 했을 때는 멋지다는 생각이 들었지만, 막상 이처럼 책이 나오기까지는 한 송이의 국화꽃을 피우는 심정으로 무려 2년이 넘는 인고忍苦의 시간이 필요했습니다. 그러나 처음 가졌던 아름다운 마음과 꿈을 간직하고 있었기에 이처럼 멋진 책이 탄생하였습니다.

이 책은 학교현장에서 실제 교육을 담당하고 있는 현직 교사들을 아주 가까이에서 직접 만나고 상담하면서 선생님들이 가장 어렵고 난해한 교직 관련 업무처리와 교육 내용을 중심으로 「초 · 중등 교육법」에 근거하여 알기 쉽게 대화 형식으로 엮었습니다. 대학교에서 교직을 꿈꾸며 교직실무를 배우는 학생들과 처음 교직생활을 시작하는 새내기 선생님, 그리고 교육에 관련된 업무에 종사하는 분들에게 이 책이 교직을 안내하는 밝은 등불이 되기를 소망해 봅니다.

이 책에는 수석교사를 중심으로 7명의 캐릭터가 등장하여 내용을 엮어 나갑니다. 이론보다는 학교현장에서 교사들이 자주 접하면서도 이해하기 어려운 교직에 관련된 내용들을 알기 쉽게 대화 형식으로 풀어서 설명하였습니다. 자투리 시간이나 잠시 머리를 식히고자 할 때 만화를 보는 가벼운 마음으로 읽어 나간다면 교직생활에 많은 도움이 되리라 생각합니다.

이 책이 나오기까지 만화를 직접 디자인해 준 유진 님과 가까이에서 많은 격려와 관심을 가져 주신 모든 분께 머리 숙여 깊은 감사의 마음을 전합니다. 특히 늘 가까이에서 응원해 주고 기도해 준 사랑하는 아내 류재숙 님, 대학을 졸업한 큰딸 남송희와 고 3을 앞두고 있는 둘째딸 남지희와 함께 큰 기쁨을 나누고 싶습니다. 또한 처음 출판을 제의했을 때 주저함 없이 선뜻 제의에 응해 주신 학지사 김진환 사장님과 최임배 상무님 그리고 출판을 위해 많은 노력을 기울여 주신 학지사 직원 여러분에게 한없는 감사를 드립니다.

윌리암 아서 워드William Arthur Ward는 "보통의 교사는 말만 하지만 좋은 선생님은 설명을 해 주고, 우수한 선생님은 시범을 보여 주지만 위대한 선생님은 영감을 불어 넣는다."고 했습니다. 아무쪼록 이 책이 이 세상에 빛을 발하며 자라나는 젊은이들에게 영감을 불어넣는 좋은 길잡이가 되기를 소망합니다.

따스한 햇살이 비추는 어느 멋진 날!

서해 앞바다가 내려다보이는 인천 검단 힐스테이트에서

**남정권 남김**

## 등장인물 소개

**수석교사**

친절하고 자상한
교직 28년차의 교육전문가

**김선영 선생님**

호기심이 많고 적극적인
신임 영어교사

**심혁중 선생님**

학구열이 높은
신임 국어교사

**이혜지 선생님**

재치 있고 침착한
신임 수학교사

**박성준 선생님**

무뚝뚝하고 과학실에
있길 좋아하는 과학교사

**유미애 선생님**

전근 온 지 얼마 안 되지만
학생들에게 관심이 많고
상냥한 사회교사

**최승현 선생님**

밝고 씩씩한
체육교사

**신이나 선생님**

섬세하고 센스 있는
보건교사

## 차 례

만화로 보는 교직실무

01

# 수석교사

# 수석교사란

그럼요,
우리 학교에도 수석교사님이
계신데 모르셨어요?
그래요?
수석교사는 어떻게
되는 건가요?
우리나라 수석교사는
2008년 처음으로 전국 초 · 중 · 고등학교에서
171명을 선발했고, 2009년에는 295명,
2010년에는 333명, 2011년 727명을
선발하여 시범운영하고 있어요.
다양하고 풍부한
교육 경력과 함께
수업의 전문성을 갖춘 분이면
된다고 해요.
그렇구나…….
그럼, 수석교사는
무슨 일을 하는 건가요?
하하. 관심이
많으시네요?

우리 같은 교사들의 상담을 하신대요. 특히 교사의 수업 전문성 향상을 위한 노하우를 알려 주신대요.
그래요? 그럼 신임교사에게는 꼭 필요한 분이네요.
^^ 그럼요.
신임교사뿐만 아니라 교사라면 누구라도 대환영이래요.
그럼, 우리도 지금 만나 볼 수 있을까요?
그래요. 우선 자리에 계신지 전화부터 해 보고요…….

안녕하세요? 수석교사님. 수석교사님께서 하시는 일이 궁금해서 찾아왔어요.
안녕하세요?
아, 어서 오세요.
그럼, 실례하겠습니다.

수석교사가
어떤 일을 하는지
궁금하시다고요.
잘 찾아오셨어요.
제가 도와드릴 수 있는 일은
수업지원활동과 교직원 개발,
외부활동, 이렇게 세 가지
영역이랍니다.
?
좀 더 자세히
말씀해 주시겠어요?
그래요. 교내활동으로는
수업에 관한 코칭과 함께
교수-학습 자료 개발 및 연수지원,
신임교사 및 교육실습생 지도 등
활동 영역이 다양하지요.
…….
알기 쉽게 표로
보여 드릴게요.

## 해당교과 수업지원활동

| 직무 영역 | 직무 내용 |
| --- | --- |
| 수업코칭 | • 교사의 공개 수업 관찰<br>• 전문적 의견 제시<br>• 수업개선 방안 제시<br>• 최신 수업동향 제시<br>• 수업 우수사례 보급 |
| 학교 교육과정 편성 | • 학교 교육과정 편성 지원 |
| 교수-학습 자료 개발 | • 교수-학습 자료 개발<br>• 교수-학습 자료 보급 및 활용 |
| 평가 문항 개발 | • 학업성취도 평가 문항 개발<br>• 학업성취도 평가 문항 보급 및 활용 |

## 교직원 개발

| 직무 영역 | 직무 내용 |
| --- | --- |
| 교내연수 지원 | • 교내연수 계획 수립<br>• 교내연수 실무 지원<br>• 연수강의 담당<br>• 교내연수 평가 |
| 교육현장 연구 지원 | • 현장연구 방법 지도<br>• 연구 결과의 보급 |
| 신임교사 지도 | • 신임교사 면담<br>• 신임교사의 적응 지도 |
| 교사 멘토링 | • 멘토링 계획 수립<br>• 멘티의 요구 조사<br>• 멘토링 실시 |
| 교육실습생 지도 | • 교육실습생의 수업 지도<br>• 교육실습생의 실무 역량 제고<br>• 교육실습생의 교직 적응 관리 |

## 해당교과 외부활동

| 직무 영역 | 직무 내용 |
| --- | --- |
| 신임교사 연수 | • 신임교사 교과 전문성 보급 |
| 자격 및 일반 연수 | • 1급 정교사 자격연수<br>• 해당교과 일반연수 |
| 외부 장학지원활동 | • 학교 및 교육청 단위의 장학지원활동 |

감사합니다.
그러면 장학사나 관리자,
연구부장이 기존에 하던 일을
하시는 건가요?
아닙니다.
구분되어 있어요.
차
마실래요?
앗,
고맙습니다~.
그분들은 주로
인사관리나 행정적인
역할을 수행하시고요.
저 같은 수석교사는 교사들의
수업 전문성 향상을 위해
수업에 관련된 모든 영역을
담당한다고 보시면 됩니다.

네, 그렇군요. 그러면 앞으로 교사들이 어떻게 도움을 받으면 좋을까요?
네?
한마디로 저를 외롭지 않게 해 주시면 됩니다.
하하, 여기 자주 오시란 뜻이에요.

지금처럼 궁금한 사항이나 어려운 일이 생기면 언제든지 찾아오시면 됩니다. 수업을 하면서 갈등이나 어려움을 겪거나 수업자료 또는 연구의 필요성이 생기면 가볍게 차 한 잔 나눈다 생각하고 찾아오시면 되지요.
미리 올 시간을 말씀해 주시면 따끈한 차나 커피를 준비해 둘게요. ^^*
수석교사에 대해 궁금한 게 많았는데, 이제 좀 풀렸네요.
앞으로 자주 들러도 되겠죠?

언제든지 환영합니다.
자주 오세요.
감사합니다.
안녕히 계세요.
찾아 주셔서
감사합니다.
또 만나요.
Good Bye!

02

# 학급경영

# 학생들과 친해지기

이 선생님~
안녕하세요?
어머, 김 선생님.
반가워요. 서 계시지
말고 자리에 앉으세요.
이번에
담임을 맡으셨다면서요?
네, 2학년요.
그런데 무엇부터 어떻게
해야 할지 잘 모르겠어요.
그래요……?
저기, 이 선생님.
우리 이럴 땐
수석교사님께 가 보는 게
어떨까요?

아, 그거 좋은 생각이네요.
우리 같이 가요.
안녕하세요. 수석교사님.
담임 업무 관계로
상담하러 왔어요.
어서 오세요. 환영합니다.
이번에 이 선생님이
담임을 맡으셨더군요.
어머, 알고 계셨어요?
그런데 담임으로서 어떻게
해야 할지 잘 모르겠어요.
처음에는 누구라도
걱정이 앞서기 마련이지요.

**라포(Rapport):** 친밀한 관계. 신뢰관계. 구체적인 의도 없이도 서로 마음이 통하는 것

맞아요.
담임교사로서 학생들의 이름을 익히는 것
못지않게 중요한 것은 상담활동이지요.
애정을 가지고 늘 관심과 격려의 말로 상처를 감싸고
이해해 준다면 학생들은 선생님을 잘 따르고 존경할 겁니다.
다시 말해, 학생과의 공감대 형성을 위한
노력이 중요한 것이죠.

말씀해 주신 내용은 잘 알고 있는데요,
실제로 상담을 하려고 하면 너무 바빠서
학생들을 만나 대화할 시간이 없더라고요.
어떻게 하죠?
이해합니다. 저 또한
담임을 맡았던 시절에
실제 학생과의 대화 시간을
내기가 너무 어려웠답니다.

그러므로 아침 자기주도학습 시간이나 저녁 방과 후 시간 등 틈새시간을 이용해 면담이나 팀별로 상담을 하는 것이 도움이 됩니다.
학생들에게 상담시기와 방법을 미리 알려 주어서 마음의 준비를 하도록 한다면 더욱 좋겠지요.
그렇다면 교내 상담 이외에 다른 방법은 없을까요?
물론 다른 방법도 있지요. 상담활동이 반드시 학교 내에서만 이루어지는 것은 아니니까요.
특히 요즘은 체험학습이나 토요 휴업일을 이용하여 학급 학생들과 함께 활동을 할 수 있답니다. 만일의 사태에 대비해 미리 교장선생님께 구두나 서류상으로 허락을 받아 두는 것이 좋겠지요.
헤헤. 늘 수석교사님을 뵈면 걱정이 해결되네요. 귀한 말씀 감사드리고요. 다음에 다시 뵙겠습니다. 안녕히 계세요.
감사합니다. 언제든지 고민이 있으면 또 찾아와요~.

## 담임으로서 무엇을 해야 할까요

### 담임교사의 임무와 내용

| 임무 | 내용 |
|---|---|
| 학습자의 환경 조성 | 밝은 학급 분위기에서 즐겁게 공부하도록 한다. |
| 명랑한 학급생활 지원 | 규칙 준수와 함께 명랑하고 서로 돕도록 한다. |
| 소질과 특기 신장 | 학생의 소질과 특기를 최대한 신장하도록 한다. |
| 부서와의 긴밀한 업무 협조 | 다른 부서의 교사들과 최대한 협조하도록 한다. |

다시 말씀드리자면 밝고 명랑한 학급 환경 속에서 학생들이 자율성을 최대한 발휘할 수 있도록 돕는 역할이 담임의 역할이지요.
상당히 광범위한데, 쉽게 이해할 수 있도록 좀 더 자세히 말씀해 주실 수 있나요?

예, 학급담임의 역할을 몇 가지 영역으로 나누어 본다면, 첫째 교과지도활동,
둘째 교과 외 특별활동이나 재량학습활동,
셋째 상담 및 생활지도활동,
넷째 사무처리활동 등이 있어요. 따라서 담임교사는 교과담당뿐만 아니라 학생들의 인성과 적성 계발에도 관심을 가지고 있어야 해요.

그렇다면 제가 제일 먼저 해야 할 일은 무엇일까요?
먼저 학급 학생들의 신상 파악을 통한 학습자 분석이 필요해요. 모든 교육활동의 기초는 교수자와 학습자 간의 공감대 형성이 우선되어야 하고, 이를 위한 분석활동이 필요하다고 봅니다.
분석활동이라면 상담활동을 말씀하시는 건가요?

꼭 상담이 아니더라도 문서화된 기초 자료나 생활기록부 등을 통해 학생들의 신상을 파악한 후, 담임교사가 무엇을 도울 것인지를 결정해야 합니다. 이를 토대로 학급 조직을 구성하고 학생들과 규칙이나 약속을 미리 정한 후 1년간 우리 반이 나아가야 할 방향을 말씀해 주시면 좋을 것 같습니다.
제가 막연하게 생각했던 것들이 구체화되는 것 같네요. 앞으로 자주 들러서 수석교사님의 의견을 들을게요~.
하하. 그렇게 생각해 주시니 기쁘네요. 교사의 역할은 마치 연극배우와 같다고도 합니다. 배우들이 무대에서 어떤 내용을 어떤 소재로 연출할 것인가에 따라 다양한 역할과 기능이 필요하듯 교사도 그렇답니다.

# 학교운영위원회는 어떻게 만들어지나요

안녕하세요.
수석교사님~.
궁금한 게 생겼는데요, 학부모회랑 학교운영위원회가 서로 비슷한 건가요?
아닙니다. 전혀 달라요. 운영위원회는 학부모, 교원, 지역대표로 구성된 법정기구로 심의 · 자문을 하지만 학부모회는 친목도모 목적의 자율조직으로 학부모회 활동을 의결 · 진행한답니다.
잘 이해가 안 돼요. 학교운영위원회에 대해 더 자세히 알려 주세요.
학교운영위원회는 학칙 제정이나 개정, 예산 및 결산에 관한 사항, 교과도서 선정, 급식, 교육과정 운영 방법, 운동부 등에 관하여 심의한답니다.

사립학교의 경우에는
자문기구의 역할 기능도 있죠.
학교발전기금의 조성 및 사용에 관해서는
국 · 공립 및 사립 모두 심의 및 의결 기능을
갖고 있답니다.

그러면,
학교운영위원회 위원은
누가 될 수 있나요?
소속 학교에
자녀를 둔 학부모,
소속 학교 교원,
학부모위원이나
교원위원에서
추천한 지역인사지요.
교장선생님은 당연직이고요.

위원의 임기는 2년으로 하되 1차에 한해 연임할 수 있어요. 자녀가 졸업, 전출이나 퇴학하는 경우에 학부모위원은 임기를 상실하게 되며 교원은 다른 학교로 전출 가면 자격이 상실된답니다.
그런데 학교운영위원은 보수를 받고 일하나요?
무보수 봉사직이기 때문에 보수는 없답니다. 또 위원은 회의에 성실히 참여해야 하는 의무가 있어서
통지를 받고도 사전 연락 없이 3회 연속 회의에 불참하는 경우 자격이 상실되죠.

## 소모품을 신청하고 싶은데……

모든 학교 예산은 2001학년도부터 사용 목적의 구분 없이 학교 실정에 따라 자율적으로 세출예산을 편성하도록 되어 있어 신청해도 된답니다.
학교장이 수정예산안을 학교운영위원회에 제출하여 추가경정예산을 편성할 수 있기 때문에 가능하지요~.
그렇다면 지난 달에 사용하고 남은 예산은 어떻게 되는 건가요?
집행된 잔액은 자동적으로 다음 해의 3월 1일로 이월됩니다. 학교에서 예산 집행의 효율을 위해 별도의 회계장부 대신 통합장부를 사용하도록 규정하여서 편리하게 사용할 수 있답니다.
냠냠

다음 해 1월 1일이 아니라
3월 1일로 이월된다고요?
맞습니다. 회계년도를 3월 1일부터
다음 해 2월 말일까지로 정해 단위학교의
학년도와 일치하도록 했기 때문이지요.
그럼, 우리 학교에서
휴일에 운동장과 교실을 외부인에게
빌려 줄 때 받는 사용료나 청소비 등은
교육청에 반납하나요?
아니랍니다.
개정된 학교예산 회계 제도에 따르면
학교시설 사용료와 수수료 수입 등은
교육청에 반납하지 않고 학교 자체 수입으로
처리해 사용해도 된답니다.
우~와. 그렇군요.
우리 학교 부자되겠다~.

만화로 보는 교직실무

03

# 학사업무

## 학생이 새로 전학왔어요

~♪
안녕하세요?
어서 오세요~.
네, 김 선생님. 제가 맡은 반에 전학생이 온다는데 혹시 어떻게 처리해야 하는지 아시나요?
글쎄요……. 예전 학교에서 알아서 처리해 주지 않을까요?

꼭 그렇지는 않아요.
학교급별로 전학 처리의 업무 담당 기관이 다르거든요.
초등학교, 중학교, 고등학교는 모두 전학 처리가 다른 거죠.
음….
음……. 자세한 건 수석교사님이 잘 알고 계시지 않을까요?
초등학교는 거주지 담당 읍 · 면 · 동사무소, 중학교는 주소지 담당 지역 교육청, 고등학교는 전학하고자 하는 학교와 시 · 도교육청 민원실에서 담당한답니다. 필요한 경우 교육감이 학교를 지정하여 배정할 수 있고요. 학교와 주소를 비공개로 할 수 있답니다.

## 학교급별 전학 처리

| 처리 순서 | 초등학교 | 중학교 | | 고등학교 |
|---|---|---|---|---|
| | | 일반학생 | 귀국학생 | 일반학생 |
| 1 | 거주지 읍·면·동사무소에 전입신고와 동시에 학교 배정 | 재학 중인 학교에 이전된 주민등록등본을 제출한 후 재학증명서 발급 | 거주지 관할 지역 교육청에 요구 서류 제출 | 전기학교는 전학하고자 하는 학교에, 후기학교는 시·도 교육청 민원실에 요구 서류 제출 |
| 2 | 재학 중인 학교에 거주지 이전 통보 | 관할지역 교육청에 서류 제출(주민등록등본 2부, 재학증명서 1부) | — | — |
| 3 | 전학 학교에 거주지 이전 서류 제출 | — | — | — |
| 4 | 전입 학교장이 전출 학교에 생활기록부와 건강기록부 송부 요청 | — | — | — |
| 5 | 재외국민, 외국인 보호자녀는 출입국사실증명서 및 외국인등록사실증명서 제출 | — | — | — |

### 전 · 입학 관련 용어

| 용어 | 정의 |
|---|---|
| 유 예 | 재학 중인 학생이 다음 학년도까지 교육받는 것을 보류하는 것을 뜻하며, '정원 외'로 학적을 관리함 |
| 유 급 | 재학 중인 학생이 해당 학년의 교육과정을 수료하지 못해 상급 학년으로 진급하지 못하는 것을 뜻함 |
| 수 료 | 재학 중인 학생이 해당 학년의 모든 교육과정을 이수하는 것을 뜻함 |
| 졸 업 | 재학 중인 학생이 교육과정을 수료하여 해당 학교의 학업을 마치는 것을 뜻함 |
| 재입학 | 퇴학한 학생이 당시의 재적 학교로 다시 입학하는 것을 뜻함 |
| 편입학 | 퇴학한 학생이 퇴학 당시의 학교가 아닌 다른 학교로 재입학하는 것을 뜻함 |
| 제 적 | 학칙에 의해 재학생 자격을 박탈하여 학적에서 제외시키는 것을 뜻함. 단, 의무교육기간인 초등학교와 중학교에서는 제적 처리가 불가능함 |
| 자 퇴 | 학생의 요청에 의해 재학생의 신분을 포기하는 것을 뜻함. 단, 의무교육기간인 초등학교와 중학교에서는 자퇴 처리가 불가능함 |
| 퇴 학 | 징계 등 학칙에 의해 학교에서 재학생이 신분을 박탈하는 것을 뜻함. 단, 의무교육기간인 초등학교와 중학교에서는 퇴학 처리가 불가능함 |

# 학교생활기록부 어떻게 작성하나요

다들 거기서 뭐하세요?
네, 반가워요. 그런데 무슨 일 있나요?
어~~. 반가워요. 이 선생님, 유 선생님.
그게요, 생활기록부를 작성하려고 하는데 이상한 점이 있어서요.

학생의 주민등록번호 뒷자리가 3으로 시작되더라고요. 1은 남자, 2는 여자인 거야 알지만 3은 무슨 뜻인지 아세요?
어머, 정말 3으로 시작되네요? 혹시 새터민 주민등록번호 아닐까요? 인쇄가 잘못된 건 아니겠죠?
저도 잘 모르겠네요.
여러분 안녕하세요~. 모여서 무슨 얘기들을 나누시나요?
수석교사님! 마침 잘 오셨어요.
주민등록번호 뒷자리의 시작이 3이면 무슨 뜻인가요?

아, 최근 주민등록법이 개정되어서 2000년 이후 출생자는 남자일 땐 숫자 3, 여자일 땐 숫자 4로 시작된답니다. 더불어, 성이 같은 쌍둥이는 끝자리가 각각 1, 2로 구분되지요.
그럼 외국인은 어떻게 기록하나요?
외국인은 등록번호가 있는 경우 그대로 입력하면 된답니다.
그렇구나~.
아, 수석교사님! 우리 반에 2학년을 수료하고 조기졸업하는 학생이 있는데 생활기록부엔 어떻게 기록해야 하나요?

예, 조기졸업 학생은
생활기록부의 학력 사항에
'조기졸업' 이라고 쓰면 되고요,
3학년 기입란은 그냥
빈칸으로 두시면 됩니다.
엄청 간단한 거였네요.
수석교사님,
이름이 외자인 학생은
어떻게 기록해요?
성과 이름 사이에
빈칸을 둘 것 없이 이어서 쓰시면 되고요,
한자는 입력할 수 있는 것만
쓰시면 된답니다.
우와~~ 수석교사님
정말 잘 알고 계시네요.
사전 같아요.
과찬이세요. 교육법전과
책에 다 나와 있는 거랍니다.

## 교외 체험학습 어떻게 처리하나요

잘 오셨어요.
교외 체험학습은 시 · 도 교육청의 지침을 참고하여 학칙으로 정하고 있어요.
학생이 학교 밖에서 시행한 체험학습을 모두 인정해 주어야 하나요?
아니랍니다. 학칙이 정하는 범위 안에서 학교장이 수업으로 인정한 경우에만 해당하지요.
학생이 체험학습을 할 때 어떤 절차를 거쳐야 합니까?
우선 교장선생님의 사전 승인과 사후 확인이 필요해요.
개인적으로 체험학습을 수행하려면 교육적으로 의미 있고 바람직한 내용이어야겠지요.

그럼 학생이 교장선생님을 직접 만나야 하나요?
아니랍니다. 서류를 제출하면 돼요. 사전에 '체험학습 신청서'와 '학습계획서'를 학생이 작성하여 제출하면 학교에서 심사 후 승인한답니다. 사후에는 '체험학습 보고서'를 제출해야 하고요. 선생님께서 학생 면담을 통해 체험학습 시행 여부를 확인해야 한답니다.
생각보다 절차가 까다롭네요.
맞습니다.
제가 확인하고 난 후 생활기록부에 기록해야 하는 것 맞지요?
생활기록부에 기록할 때에는 몇 가지 주의할 사항이 있어요.
기 록 부
1. 현 황

## 교외 체험학습 기록 방법

- 체험학습 주관 기관에 따른 기록 방법
  ① 학교 이외의 기관 및 단체인 경우: '교외 체험학습 상황' 란에 일자, 기간, 장소, 주관 기관명, 내용 및 평가, 시간 및 일수를 실시 일자 순으로 입력
  ② 개별학교 교육과정 운영 계획(행사, 수련, 학년 및 학급단위 활동)에 의한 경우: '특별활동 상황' 란에 입력

- 교외 체험학습 상황의 장소 또는 기관명의 주관 기관명 기록 방법
  ① 기관장이 아니라 기관명을 기록하고 장소는 지역명으로 입력함
  예 ××정보원, 김포
  ② 숙박의 경우에는 시간 또는 일수를 '×박 ×일' 로 입력함

- 체험학습의 시작일과 종료일이 동일한 경우는 시작일만 입력함

- 체험학습 허용 범위
  ① 개인별 신청에 의한 자녀와 학부모가 함께하는 1주일 이내의 체험활동
  ② 고적답사, 향토행사, 친인척 방문, 견학, 가족 관혼상제, 국내외 여행을 통한 체험학습이며, 반드시 가족(학부모)과 동행하여야 함

- 출석 인정 기간: 국내외 구분 없이 1주일 범위 내

- 국외 체험학습은 천재지변이나 현지 교통사정으로 인한 초과일은 학교장 판단에 따라 출석으로 인정할 수 있음

## 봉사활동은 어떻게 처리하나요

이번 주말에 시골 친척집에서 모내기를 돕게 됐는데요. 이것도 봉사활동으로 쳐 주나요?
어머 그러니? 선생님이 알아보고 내일 알려 줄게.
잘 모르는데, 어쩐다……. 수석교사님께 물어볼까?
이 선생님~ 수업 끝났는데 어디 가세요?
아, 궁금한 게 있어서 수석교사님께 여쭤 보려고요.

그래요? 그럼 저도 같이 가요.
그래요.
어서 오세요. 이 선생님, 최 선생님. 반가워요. 무슨 일로 오셨나요?
어떤 활동이 봉사활동으로 인정되는 활동인지 궁금해서요.
저희 반 학생이 주말에 친척집에서 모내기를 돕고 온다고 했거든요.
그래요. 잘 오셨어요. 7차 교육과정의 봉사활동 영역 여덟 가지에 대한 설명이 필요하겠네요.

## 7차 교육과정의 봉사활동 영역

| 봉사활동 영역 | 영역별 주요 활동 |
| --- | --- |
| 일손돕기활동 | • 복지시설 일손 돕기<br>• 공공기관 일손 돕기<br>• 병원 일손 돕기<br>• 농 · 어촌 일손 돕기<br>• 학교 내 일손 돕기 |
| 위문활동 | • 고아원 위문<br>• 양로원 위문<br>• 군부대 위문<br>• 장애인 위문<br>• 병약자 위문 |
| 캠페인활동 | • 공공질서 확립 캠페인<br>• 교통 · 안전 캠페인<br>• 학교 주변 정화 캠페인<br>• 환경 보전 캠페인 |
| 자선구호활동 | • 재해 구호<br>• 불우이웃 돕기<br>• 국제협력과 난민구호 |
| 환경 · 시설 보전 활동 | • 깨끗한 환경 만들기<br>• 자연 보호<br>• 문화재 보호 |
| 지도활동 | • 동급생 지도<br>• 하급생 지도<br>• 복지시설 아동 지도<br>• 교통안전 지도 |
| 지역사회 개발활동 | • 지역사회 조사<br>• 지역사회 가꾸기<br>• 지역사회 정보화<br>• 지역 행사 지원 |
| 기타 활동 | • 위 세부 내용으로 구별하기 어려운 활동 |

그렇군요. 연간 인정받을 수 있는 봉사활동 시간은 몇 시간인가요?
학교 형편에 따라 다르지만 초등학교는 10시간, 중 · 고등학교는 20시간(3년간 60시간) 내외를 실시하도록 권장하고 있답니다.
아, 그리고 저희 반 학생이 헌혈증서를 가져왔는데, 이건 어떻게 처리하나요?
우선 헌혈증서를 확인하신 후, '특별활동 상황란'에 그 횟수만 기록하시면 됩니다.
그렇게 간단한 걸 고민하고 있었네요.
지난 봄방학(2월) 때 봉사활동을 했다는 학생은 어떻게 기록해야 하나요?

당해 학년의 봉사 활동으로 인정하여 기록해야 합니다.
만일 봉사활동을 학교생활기록부 기재가 끝난 후에 실시했다면,
다음 학년도 초에 담임교사가 확인서를 모아야 하지요. 그러고 나서 학교생활기록부 정정 대장에 기록한 후, 학교장의 결재를 받아 담임교사가 해당 학년에 입력하여 처리해야 해요.
봉사활동으로 인정하기가 모호한 경우가 꽤 있는데…….
그냥 제 임의대로 기록하면 안 되나요?
절대 안 됩니다. 봉사활동 실적 인정 여부는 (봉사활동 장소 및 기관, 봉사활동 시간) '학교봉사활동추진위원회'의 심의를 거쳐 학교장이 판정하게 되어 있어요. 이때 교육적 입장에서 판단하여 결정해야 하고 협의 내용은 반드시 협의록에 기록한 후 결재하여 비치해 두어야 합니다.
역시 그렇군요. 경험이 적다 보니 ……. 학생 봉사활동 처리가 어렵네요.

## 봉사활동 처리 방법

| 봉사활동 사례 | 처리 방법 |
|---|---|
| 학교 행사가 있을 경우 봉사활동으로 인정할 수 있나요? | • 수업을 하지 않는 학교 내 행사와 관련하여 일부 학생에게 청소나 뒷정리를 시킨 후 봉사활동 인정이 가능함<br>• 학교 행사(소풍, 체험학습, 수학여행 등)가 있는 날은 행사 종료 후 일정 시간은 봉사활동으로 인정이 가능함 |
| 수업이 진행 중인 상태에서 행사에 참여하여 도움을 주었을 경우 봉사활동으로 인정할 수 있나요? | • 봉사활동 시간이 아닌 일반 수업시간 중 봉사활동을 하는 학생에게 봉사활동 시간을 인정할 경우, 해당 학생은 수업시간에도 참석한 것으로 인정하고 결과로도 처리하지 않기 때문에 수업과 봉사활동 시간을 동시에 인정하는 불합리성이 있어 원칙적으로 불가능함. 예를 들어, 수업에 참여해야 할 비선수 학생이 행사장에서 체육대회 행사를 돕는 경우, 학교나 사회단체의 요구에 의하여 일부 학생이 수업시간 중에 행사에 관련되어 동원되는 경우 등은 봉사활동으로 인정할 수 없음. 다만, 수업 중인데도 부득이 시간에 제한을 받을 수밖에 없는 행사(특기를 가지고 있는 학생이 양로원의 경로잔치 행사 등 제한된 행사에 참여)에 참여하는 경우 등은 학교봉사활동추진위원회의 심의 결재를 득한 후 봉사활동으로 인정할 수 있음 |
| 학교에서의 일상 활동을 봉사활동으로 인정할 수 있나요? | • 교실 청소, 환경미화, 특별실 청소, 학생자치회 활동, 방송반 활동 등 학교에서 일상적인 활동은 봉사활동으로 인정할 수 없음. 단, 학교장이 특별히 봉사활동 계획을 세워 학교 내 · 외에서 봉사활동을 한다면 인정할 수 있음 |
| 학교 내의 봉사활동 인정 내용과 허용 시간은? | • 학교 내에서 일상적으로 이루어지는 내용(청소, 식사보조 등)이 아닌 행사나 특별한 내용일 경우 학교장의 학년 초 결재와 활동기록부 비치로 인정이 가능하며, 인정할 수 있는 봉사활동 시간의 제한은 없음 |
| 봉사활동 기록표, 봉사활동 확인서, 봉사활동 개인별 카드는 각각 어떻게 다른가요? | • '봉사활동 기록표'에는 학교 교육과정에 의한 봉사활동 또는 학교 계획에 의한 봉사활동 실적의 기록을 작성함. 학생 개인별 확인서를 일일이 작성하지 않고, 활동 집단별(학급별 또는 소그룹별)로 일괄 작성할 수 있음<br>• '봉사활동 확인서'는 종전과 같이 학생이 개인별로 실시한 봉사활동 실적을 해당 기관에서 기록하여 발부하도록 준비한 양식임. 봉사활동 확인서 대신 봉사활동 개인별 카드를 사용할 수 있음 |

〈계속〉

| | |
|---|---|
| 중학교 학생이 '학교 교육과정에 의한 봉사활동' 중 일부를 불참했을 경우 개인적으로 실시한 봉사활동 시간을 합하여 봉사활동 권장 시간을 채운다면 고입 내신성적 산출 시 만점을 받을 수 있나요? | • 학생 개인의 봉사활동 실적은 '학교 교육과정에 의한 봉사활동'과 '학교 교육과정 이외의 봉사활동' 실적을 모두 합한 것임으로 가능함 |
| 계발활동(클럽활동) 부서에서 일했는데 봉사활동을 인정할 수 있나요? | • 모든 계발활동은 계발활동으로 인정할 뿐 봉사활동이 아니기 때문에 인정할 수 없음. 단, 계발활동반이 봉사활동 계획을 세워 계발활동반 활동과 별도의 봉사활동을 실시했다면 인정할 수 있음 |
| 학생 선도 교육프로그램 중 이수한 봉사활동의 실적은 인정할 수 있나요? | • 선도 교육프로그램을 이수한 학생은 그 기간을 출석으로 인정하되, 학생 봉사활동 실적으로 인정할 수 없음. 이는 학생의 징계 등에 의한 봉사활동 실적은 인정할 수 없기 때문임 |
| 봉사활동 관련 후원금인 경우 봉사활동 시간으로 인정할 수 있나요? | • 후원금의 경우 봉사 시간으로 환산하지 않고, 후원 몇 회로 기록할 수 있음 |
| 종업식이나 졸업식 이후의 봉사활동은 어떻게 처리하나요? | • 1, 2학년은 종업식 이후 봉사활동이 인정되지만, 중학교와 고등학교 졸업 이후의 봉사활동은 인정되지 않음 |
| 사설기관에서의 봉사활동도 인정되나요? | • 교육적이고 공익을 위한 것이면 인정할 수 있음. 다만, 학생을 단순노동 대상으로 활용하거나 영리를 주 목적으로 하는 기관은 봉사활동 기관에서 제외됨 |
| 봉사활동 확인서는 실무 담당자의 실인으로도 인정이 가능한가요? | • 봉사활동 확인서는 기관장이나 단체장의 명의로 발급하는 것을 원칙으로 하되, 부득이한 경우 실무 담당자의 실인도 인정할 수 있음. 다만, 실무 담당자 실인으로 확인서를 발급받은 경우는 담임교사의 확인에 의해 '학교봉사활동추진위원장'(교감)의 실인으로 조치함 |
| 봉사활동 시간에 단위의 기록은 어떻게 하나요? | • 봉사활동 실적은 시간 단위로 기록하는 것을 원칙으로 하며 학교생활기록부에 분 단위는 절사하여 기록함. 단, 같은 종류의 봉사를 지속적으로 한 경우는 학기말에 합산하여 시간 단위로 기록함 |
| 학생 봉사활동 누가기록부 작성 및 확인서 관리는 어떻게 하나요? | • 봉사활동 확인서는 매번 누가기록부에 기록하는 대신 수시로 전산 입력하고, 학년말에 출력물을 출력하여 결재한 후 확인서와 함께 보관이 가능함. 이는 학교봉사활동추진위원회의 결정으로 가능함 |

## 학교생활기록부는 어떻게 관리하나요

물론이죠.
얼마든지 물어보세요.
민원인이 생활기록부를 팩스로 보내 달라는데, 가능한 일인가요?
네, 고맙습니다. 꼭 알아야 하는 일이라서요.
안 되지요. 생활기록부와 졸업증명서는 본인이 직접 학교를 방문할 때만 발급하는 것이 원칙이랍니다.
특히, 생활기록부는 개인 정보 유출의 염려가 있기 때문에 반드시 학교를 방문해야 한답니다.
그렇군요. 그리고 제가 출석 일수를 계산해 보니까 학생 중 한 명이 출석 일수가 모자라서 진급이 불가능할 것 같아요.

계산할 때 지각 3회를
결석 1회로 계산했는데,
이게 맞는 건가요?
아니랍니다.
수료나 진급을 위한 출석 일수는
학생이 해당 학교에 출석한 일수를
의미한답니다.
따라서 수업 일수에서
결석이나 지각, 조퇴, 결과 등의 횟수를
합산한 일수를 빼면 안 되지요.
정말요?
다행이네요.
수석교사님이 얘기하신 걸
잘 기억해 두어야지.
근처 카페
어, 저기 유 선생님
아니에요?
정말이네요,
유 선생님~.

어머나. 이 선생님, 최 선생님.
이런 데서도 보네요. 반가워요.
안녕하세요.
수석교사님께 다녀오고 나서 잠시 같이 얘기 중이었어요.
아! 그렇군요. 저도 방금 생활기록부 때문에 수석교사님을 뵙고 왔었는데~.
생활기록부 쓰기가 참 힘들어요.
맞아요. 피곤해요.
그런데 왜 출석부에 지각, 조퇴, 결과 3회를 결석 1일로 계산하는지 아세요? 개근상 때문인가요?
음…….
아까 여쭤 봤었는데 그건 개근이나 정근 여부를 판단하기 위해서래요. 개근은 해당 학년 동안 한 번도 지각, 조퇴, 결과가 없어야 하고요, 정근은 해당 학년 동안 지각, 조퇴, 결과가 1~8회거나 최대 결석 2일과 지각, 조퇴, 결과가 2회인 경우예요.
와! 잘 아시네요.

저도 방금 알게 된 건데요 뭘.
아, 맞다. 생활기록부를 학교에서 몇 년간 보관하는지 아는 분 혹시 있으세요?
그건 잘 모르겠네요.
그건요, NIES(교육행정정보시스템)에 접속하면 생활기록부에 학교생활기록부 I 과 학교생활기록부 II가 있잖아요. I은 준 영구 보존해야 하고, II는 학생 졸업 후 5년 동안 보존하는 거예요. II는 세부사항을 기록한 걸로 종이 출력물과 함께 보존하고요. 저희 같은 고등학교는 상급학교 입학 자료로 쓰기 위해 I, II 둘 다 전산 매체로 5년간 추가 보존해요.
와, 두 분 정말 많이 아세요. 담임 생활도 잘하시겠네요. 이 선생님하고 유 선생님 반 학생들이 부러운 걸요?
에이~ 뭘요.

# 학생 생활지도 어떻게 하나요

힘드시더라도
사랑과 이해, 관심으로
보살펴야겠지요.
사랑과 이해만으로
부족하다는 생각이
들어요.
학생을
처벌할 수는
없나요?
학생이 잘못했다면
벌을 받을 수 있지요.
물론 처벌 이전에
상담과 예방활동을
우선해야 합니다.
처벌한다면
구체적으로 어떤 단계로
처벌할 수 있는건가요?
자세한 사항은
교칙에 명시되어 있어요.
그리고 학교폭력 가해학생은
「초 · 중등교육법 시행령」 제31조의
적용을 받게 됩니다.
시행령 31조는
어떤 내용인가요?
학교폭력 가해학생은
교내봉사, 사회봉사, 특별교육을
단계별로 이수하게 되어 있어요.
이때 학생들은 선도교육 프로그램을
의무적으로 이수해야 한답니다.

그럼 피해학생은 어떻게 해야 하나요?
학교폭력 피해학생은 신체적 치료 및 정신적 안정을 위한 휴식시간을 주어야 해요.
그리고 학교에 출석하지 못하면 출석으로 처리 해야겠지요.
법률적인 피해학생 보호조치는 없나요?
있지요.
「학교폭력 예방 및 대책에 관한 법률」 제14조 제3항에 의해 다음과 같은 절차를 거쳐야 하고요,
처리 방법
• 심리상담 및 조언
• 일시 보호
• 치료를 위한 요양
• 학급 교체
• 전학 권고
• 그 밖에 피해학생의 보호를 위하여 필요한 조치
필요하다면 전학을 시킬 수도 있어요.

만화로 보는 교직실무

04

# 교원복지

## 교총인가 아니면 교원노조인가

아~, 그래요.
현재 우리나라 교직단체에는
크게 교원단체와 교원노조가 있어요.
한국교총은 교원단체이고요,
전교조와 한교조는 교원노조랍니다.
두 가지가 어떻게
다른 거예요?
용어들이 생소해요.
음. 우선 법적으로
교원단체는 「교육기본법」,
교원노조는 「교원의
노동조합 설립 및 운영
등에 관한 법률」에
근거하고 있답니다.
교원단체는
학교장을 포함한 전 교원이
가입할 수 있지만, 교원노조는
학교장과 교감 선생님은
가입할 수 없도록
「교육법」에 명시되어 있어요.
또한 한국교총은
한국교원단체총연합회,
전교조는 전국교직원노동조합,
한교조는 한국교원노동조합의
줄임말이랍니다.
더 궁금하신 게
있나요?

교원단체에서는 무슨 일을 하나요?
교원단체는 교원의 처우개선이나 근무조건, 복지후생과 전문성 신장에 관한 사항을 교섭하거나 협의합니다.
그리고 교원노조는 임금이나 근무조건, 복지후생 등 주로 경제적 또는 사회적 지위 향상과 관련된 사항을 협의하지요. 교원단체는 노사 간 계약보다는 정부와 교원단체 간 합의과정으로서의 성격이 강합니다.
조금 어렵네요.
교원단체가 교섭하거나 협의하는 대상은 누군가요?
좋은 질문이에요. 교원단체는 교육과학기술부 장관이나 교육감, 또는 사립학교 설립자 및 경영자를 대상으로 교섭하거나 협의할 수 있어요.
그렇구나~ 많이 알게 되었어요. 오늘 귀한 시간 내주셔서 감사합니다.
당연한 일인 걸요, 뭐. 언제든지 궁금한 게 있으면 찾아 주세요.
bye bye

## 재해를 입었어요

어머. 최 선생님.
여름방학 잘 보내셨어요?
네. 물론이죠.
김 선생님은요?
저야 뭐,
보충수업 지도하느라
방학 때도 바빴네요.
그랬군요. 그런데
신 선생님께서 살고 계신 집에
수해를 입으셨다는데
알고 계셨나요?
어머!
그런 일이
있었나요?
그래서
안 보이셨구나…….
어떻게 도울 수 있는
방법이 없을까요?

그러게요. 저희가 도와드릴 수 있으면 좋겠네요.
이런 건 수석교사님이 잘 알고 계실 테니 제가 전화를 걸어 볼게요.
수석교사님, 저 김선영이에요.
여보세요~. 무슨 일로 전화하셨나요?
여름방학 때 신 선생님께서 수해를 입으셨다는데 어떻게 도울 방법이 없을까요?
저도 소식은 들었답니다. 공무원 연금에서 지급하는 재해 부조금을 신청하면 어떨까요?
재해 부조금? 그건 뭐죠? 자세히 말씀해 주시겠어요?
재해 부조금은 공무원의 재산이 수해나 화재, 기타 재해(호우, 폭설, 해일)로 인해 손해를 입은 때 지급한답니다. 공무원 또는 배우자 소유의 주택에 지급되지만, 상시 거주하는 주택이면 공무원 또는 그 배우자의 직계존비속 소유의 주택까지 해당하지요.

| 보상의 종류 | 지급 기간 | 지급 범위 | 청구 시효 |
|---|---|---|---|
| 공무상 요양비 | 2년간 실요양비 지급 | 건강보험 및 산재보험수가 적용 | 3년 |
| 공무상 요양 일시금 | 2년 요양 종료 후 1년분의 추가 소요 요양비 예상액 지급 | 건강보험 및 산재보험수가 적용 | 3년 |
| 재해 보조금 | 수해, 화재 및 기타 재해로 재산에 손해를 입은 때 | 보수월액의 6배에 달하는 금액 이내에서 지급 | 3년 |
| 사망 조위금 | 공무원의 배우자, 직계존속 사망 시 지급 | 당해 공무원의 보수월액에 상당하는 금액 지급. 단, 공무원 사망 시는 보수월액의 3배에 상당하는 금액을 배우자에게 지급 | 3년 |
| 장해연금, 장해보상금 | 공무상 질병 또는 부상으로 인해 폐질 상태로 되어 퇴직한 때, 또는 퇴직 후 3년 이내 그 질병 또는 부상으로 폐질 상태로 된 때 | 장해연금의 5배에 상당하는 금액 | – |
| 유족보상금 | 공무상 질병 또는 부상으로 인해 재직 중 사망하거나 퇴직 후 3년 이내 그 질병 또는 부상으로 인해 사망한 때 | 급여 사유 발생 당시 보수월액의 36배를 유족에게 지급 | 5년 |

※ 공무원 연금관리공단에는 재해 부조금 말고도 여러 혜택이 있어요. 그러나 공무원의 고의, 중과실, 진단 불응, 형벌 등은 지급 금액이 제한될 수 있음

## 교통사고가 났어요

전화가
또 왔네.
네, 전화받았습니다.
수석교사님!
전화 다시 걸었어요.
다름이 아니라
이 선생님께서 출근길에
교통사고를 당하셨대요.
어떻게 하죠?
일단 교장선생님께
말씀드려야겠죠?
물론이에요.
이 선생님의 수업 문제가 있으니
교무부장님께도 말씀해 주시고요.
그리고
사고가 경미한 경우라면
이 선생님께서 나중에라도
전화를 드리라고 전해 주세요.
그럼 이 선생님께서
담임을 맡은 반은
어떻게 하지요?
우선 부담임이
맡으면 됩니다.
아마 교감선생님께서
따로 말씀하실 거예요.
이 선생님,
상당히 많이
다치셨대요.
그래요?
수석교사님.
이 선생님께서 병원에 장기간
입원하실 것 같대요.
그래요? 저런…….
그럼 진단서와 함께
병가신청을 해야 하는데,
병가신청 후엔 최대한 빨리
진단서를 제출해야 해요.
이 경우엔 출근길 사고이기 때문에
공무상 병가에 해당하지요.

감사합니다. 수석교사님. 얼른 이 선생님께 알려 드려야겠네요.
어, 병가에도 종류가 있나요?
아, 교원의 휴가는 연가, 병가, 공가, 특별휴가로 구분돼요.
병가는 일반 병가와 공무상 병가로 나누는데 일반 병가는 연간 60일, 공무상 병가는 연간 180일이랍니다. 병가 일수는 1년 단위로 1월 1일부터 12월 31일까지죠.
그럼 공가는 언제 하나요?
공가는 공무원이 일반 국민 자격으로 국가기관 업무 수행이나 법행상 의무 이행이 필요한 경우 해당되는 휴가예요.
우와! 잘 알고 계세요.
쑥스럽네요.
특별휴가에는 여러 가지가 있답니다. 경조사라든지 출산휴가, 여성보건휴가, 육아시간휴가, 수업휴가, 포상휴가, 장기재직휴가, 재해구호휴가, 퇴직준비휴가, 불임치료 시술휴가 등이 있어요.

## 교원의 휴가

| 종류 | | 내용 |
|---|---|---|
| 연가 | | 개인의 재직기간에 따라 연가일수는 다르게 적용되며, 본인의 연가 가능 일수를 초과하여 출근하지 못하면 결근 처리됨 |
| 병가 | | 일반 병가와 공무상 병가로 구분하며, 각각 허가 일수가 다름 |
| 공가 | | 공적인 업무를 수행하기 위해 사용되는 허가임(병역법에 의한 동원 및 훈련, 공무에 의한 국가기관의 소환, 승진 및 전직 시험, 원격지 전보 발령, 건강검진, 외국어 능력시험 응시, 국가 행사 참가, 천재지변 시, 헌혈 참가, 교원단체의 교섭 및 협약 참여 등) |
| 특별휴가 | 경조사휴가 | 결혼, 회갑, 출산, 사망, 탈상 등에 관한 휴가 |
| | 출산휴가 | 임신 중인 교원이 출산을 전후로 90일간 가능하며, 산후에 45일 이상이 되도록 해야 함 |
| | 여성보건휴가 | 여자 교육공무원에 한하여 매월 1일의 휴가를 인정함 |
| | 육아시간휴가 | 생후 1년 미만의 유아를 가진 여자 교원에게 1일 1시간 인정되며, 병원의 출생증명서나 주민등록등본으로 확인함 |
| | 수업휴가 | 한국방송통신대학교에 재학 중인 교원에게 해당됨 |
| | 포상휴가 | 「상훈법」에 의한 훈장이나 포장 수여 시, 「정부표창규정」에 의한 국무총리 이상의 표창 수여 시, 「모범공무원규정」에 의한 모범공무원 선발 시, 주요 업무를 성공적으로 수행한 경우에 해당되며, 학교장이 6일 이내에서 휴업일 중 실시함을 원칙으로 함 |
| | 장기재직휴가 | 학교장이 20년 이상 재직한 교원에게 재직기간 20년이 도래한 날로부터 재직기간 중에 10일간의 휴가를 허가함 |
| | 퇴직준비휴가 | 명예퇴직 교원이 퇴직 예정일 전 3월이 되는 날부터 퇴직 예정일 전일까지 해당됨. 단, 명예퇴직수당 지급대상자로 결정되어 그 통보를 받은 날의 다음 날부터 허가할 수 있음 |

※ **참고**: 「국가 공무원 복무 규정」 개정(2010. 7. 15)에 의해 유산 및 사산한 교원의 특별휴가 확대와 1일의 불임시술 휴가가 신설되었음. 또한 경조사 휴가 중 결혼(자녀, 1일), 입양(본인, 20일), 사망(자녀와 그 자녀의 배우자, 3일)은 휴무 토요일 및 공휴일은 그 휴가 기간에서 제외함(교육과학기술부 예규 제33호, 2010. 9. 10.)

## 대학원에 공부하러 가요

심 선생님!
어딜 그렇게
바쁘게 가세요?
아, 안녕하세요?
김 선생님.
제가 이번 학기에
대학원에 등록했거든요.
거기 가는 거예요.
우와! 축하해요.
낮에 가시는 걸 보니
일반대학원인가 봐요?
교장선생님께 말씀은
드렸나요?
아직요.
어렵게 합격하긴 했는데
어떻게 해야 할지 몰라서
교장선생님께 아직
말씀 못 드렸어요.
그래요?
말씀드려야
할 텐데…….
수석교사님께
어떻게 해야 할지
여쭈어 보는 건 어때요?

그래요.
잠시 들러서 말씀 듣고 가야겠네요.
안녕하세요.
제가 이번에 대학원에 합격했는데 어떻게 해야 하나요?
축하해요.
혹시 주간 대학원 이신가요?
예, 주간 대학원에 합격했어요.
교원의 주간 대학원 수강은 교육활동에 지장을 줄 수 있어 금지하지만 소속 기관장의 허가를 받으면 수학할 수 있도록 변경되었어요. 교육활동에 지장을 주지 않는 범위 내에서 외출, 조퇴, 연가 등을 활용해 소속 학교 교장선생님의 허가를 받아야 한답니다.
주간이 아니라 야간이나 계절제 대학원에 다닐 때도 교장선생님의 허가가 필요한가요?
예. 학교장의 허가를 받아야 합니다. 그리고 근무 상황은 '출장(연수)'으로 처리하면 되지요. 파견근무 중인 교사가 계절제 대학원을 수강할 때에는 주간 대학원 수강처럼 외출, 조퇴, 연가 등을 활용하여 소속 기관장의 허가를 받아야 한답니다.

잠시 후
어때요?
수석교사님이 뭐라고 하시던가요?
예. 원래는 금지였지만 허가를 받은 경우에만 가능하게 바뀌었다고 하시더군요.
아하…….
물어보길 잘했네요.
네. 그냥 지나쳤으면 어떻게 되었을지……. 큰일 날 뻔했네요.

## 저 겸임교수 됐어요

어쨌거나, 대학원 합격하신 거 다시 한 번 축하해요.
고마워요. 덕분에…….

어라,
이 선생님?
지금 퇴근하나
봐요?
어? 안녕
하세요.
이번 학기부터
겸임교수로 대학에
강의하러 가요.
우와! 좋겠다.
이 선생님 대단해요.
아, 그런데 아직
교장선생님께 말씀드리지
못했는데 이런 것까지
알려야 할까요.
글쎄요…….
마침 저기 수석교사님이 나오시는데
바쁘다고 하시지 않으면 한 번 여쭤 봐요.
수석교사님~.
아~,
안녕하세요?
저를 기다리셨나 봐요.
무슨 일이신가요?
사실 제가
이번 학기부터
겸임교수가
됐거든요.
퇴근 후에
대학에 가는데도
교장선생님께
말씀드려야
하나요?

네, 물론이에요.
「국가공무원법」에 보면 공무원의 영리 업무 및 겸직 금지 항목이 있답니다. 이는 공무원이 영리를 목적으로 하는 업무에 종사하지 못하도록 법으로 규정한 것이지요. 그러나 소속 기관장의 사전 허락이 있다면 가능하답니다. 이때에는 근무 상황을 '출장(연수)'으로 처리한 후 허가를 받으면 가능하지요.
그럼 어떤 절차를 밟아야 하나요?
정해진 것은 없고요, 임용권자인 교육감이 절차를 정하기 때문에 시 · 도 교육청별로 다르답니다.
수석교사님, 그럼 겸직 허가는 어떤 경우에 받아야 하는 건가요?
일반적으로 직무에 지장을 주지 않는 범위라고 보시면 됩니다. 예를 들어, 신문이나 잡지에 원고를 내거나 동창회나 친목회에 참석하는 경우는 겸직 허가 대상이 아니랍니다. 이처럼 직무수행에 지장이 없고 비영리활동이라고 인정될 만한 경우에는 해당 사항이 없지요.
잘 알겠습니다. 교장선생님을 뵙고 겸직 허가를 신청해야겠네요.
예, 잘 다녀오세요.

## 남편 해외근무에 함께 가고 싶어요

유 선생님
결혼하셨었구나~.
걱정하지 않아도 된답니다.
동반휴직을 신청하면 되니까요.
동반휴직요?
처음 들어보는 말인데요.
설명해 주세요.
예, 동반휴직 신청 시
공무원의 신분은 보유하지만
직무에는 종사할 수가 없답니다.
휴직에는 크게 직권휴직과
청원휴직이 있는데, 이 중
청원휴직에 해당하지요.
직권휴직과 청원휴직은
어떻게 다르죠?
직권휴직은
본인 신청과 무관하게
휴직을 명하지만,
청원휴직은 본인이
신청하는 경우에
휴직을 명한답니다.
직권휴직에는 요양을 위한
질병휴직과 공무상 질병휴직이 있고요.
병역휴직, 생사불명, 법정 의무수행,
노조 전임자 활동 등으로 인한
휴직이 있답니다.

## 휴직의 종류

| 휴직의 종류 | | 조건 | 기 간 | 준비물 |
|---|---|---|---|---|
| 직권 휴직 | 질병(요양) | 신체 및 정신상의 장애 | 1년 이내 | 진단서 |
| | 질병(공무) | 공상인 경우 | 1년 이내 | 증명서 |
| | 병 역 | 병역 복무를 위한 징집 및 소집 | 근무기간 | – |
| | 생사불명 | 천재지변 등으로 생사 및 소재 불명 시 | 3년 이내 | – |
| | 법정 의무 수행 | 기타 법률 규정에 의한 의무 수행 시 | 근무기간 | – |
| | 노조 전임 | 노동조합 전임자로 업무 수행 시 | 근무기간 | 증명서 |
| 청원 휴직 | 유 학 | 학위취득을 위한 해외유학이나 해외에서 1년 이상의 연구 및 연수 시 | 3년 이내, 학위취득 시 3년 연장 가능 | 입학 허가서 |
| | 고 용 | 국제기구, 외국기관, 재외국민교육기관에서 임시 고용된 경우 | 고용기간 | 고용 증명서 |
| | 육 아 | 자녀가 만 6세 이하의 초등학교 취학 전 자녀를 양육 시. 단, 최대 3년인 전체 휴직기간 중 자녀 연령과 취학 전 요건을 모두 갖추어야 함 | 자녀가 만 6세 이하 초등학교 취학 전 | 주민등록 등본 |
| | 연 수 | 교육과학기술부 장관이 지정하는 국내연구기관 및 교육기관에서 연수 시 | 3년 이내 | 증명서 |
| | 간 병 | 사고나 질병으로 장기요양을 위한 부모나 배우자, 자녀 및 배우자의 부모를 간병 시 | 1년 이내, 재직기간 중 3년 이내 | 진단서, 호적등본 |
| | 동 반 | 배우자의 해외근무, 해외연수 및 해외유학에 함께 동행 시 | 3년 이내, 3년 연장 가능 | – |

## 육아휴직이 끝나 가요

우~웅
네, 여보세요.
안녕하세요, 수석교사님. 지난번에 육아휴직한 한유라 교사예요. 여쭤 볼 게 있어서 전화했는데 혹시 바쁘신가요?
괜찮습니다. 말씀하세요.
다음 달이면 육아휴직 기간이 끝나는데 어떻게 해야 하나요?
우선 휴직기간을 고려해야 해요. 선생님의 휴직기간이 만료되었거나 휴직사유가 소멸한 경우에는 교육청(임용권자)에 복직신청서를 제출해야 해요.

늦어도 30일 이내엔 복직신고를 하셔야 하니 잘 살펴보세요.
그럼……. 혹시 휴직기간 연장도 가능한가요?
물론이죠. 연장휴직을 하면 된답니다.
최대 3년인 전체 휴직기간 동안 '만 6세 이하 초등학교 취학 전 자녀'의 요건을 갖추어야 해요. 최초 신청 시 1년 이내의 휴직을 허가받은 후 2년 이내의 휴직을 별도로 허가받아 사용할 수 있고요. 휴직기간을 연장할 때는 기간 만료 전 15일까지 신청해야 해요.
그리고 전체 3년의 휴직기간에 연장휴직 2년은 분할 사용이 가능하고요, 최초 1년의 휴직이 종료된 후 복직하여 근무하고 다시 휴직할 수 있답니다. 다만, 학생의 수업을 고려하여 휴직과 복직에 대한 허가는 학기 단위를 원칙으로 하고 있어요.
그럼 혹시 제 남편도 육아휴직이 가능한가요?
남편분이 교육공무원이라면 가능해요. 자녀 1인에 대해 1년 이내로 휴직이 되어 여성은 최대 3년, 남성은 최대 1년 휴직할 수 있어요. 다만, '만 6세 이하'와 '초등학교 취학 전' 이라는 두 요건을 모두 갖춰야만 한답니다. 부부가 교육공무원이면 최초 1년의 휴직에 한해 자녀 1인에 대해 각자 휴직하거나 동시에 할 수도 있답니다.

Q: **교육공무원인 제 여동생이 임신했는데 교사는 아니거든요.**
**이런 상황에도 육아휴직이 가능한가요?**

A: 물론입니다. 여자 교육공무원이 임신 또는 출산하게 된 때나 자녀를 양육하는 데 필요한 경우 가능합니다. 다만, 자녀의 양육을 위한 휴직은 만 6세 이하의 초등학교 취학 전 자녀여야 하지요. 육아휴직은 자녀 1인에 한하여 1년 이내로 하되, 여자 교육공무원은 2년의 범위 내에서 그 휴직기간을 연장할 수 있답니다.

## 집안에 일이 생겼어요

신 선생님께서 상을 당하셨대요. 휴가가 필요할 것 같다는데……. 며칠간 휴가를 얻어야 하나요?
저런……. 신 선생님께서 슬픈 일을 당하셨으니 위로가 필요하겠네요. 상은 특별휴가 가운데 경조사 휴가로, 사안에 따라 일수가 달라요.
신 선생님 시어머님께서 돌아가셨다는데요.
그렇다면 7일간 휴가를 낼 수 있지요. 다만, 돌아가신 시점에 따라 계산 일수가 달라요.
예? 그게 무슨 얘긴가요.
공휴일에 상을 당한 경우엔 당일인 공휴일을 포함하고요, 근무 시간을 마친 퇴근 시간 이후에 상을 당했을 때에는 다음날부터 휴가 일수를 계산하지요.
아…… 그렇구나. 다음에 구체적으로 경조사별 휴가 일수도 알려 주실 수 있을까요?
그러죠. 신 선생님께 주말에 다 같이 조문을 가도 되느냐고 물어보면 좋겠네요.
출산휴가도 언제 출산을 했느냐에 따라 계산 일수의 적용 시점이 달라요. 공휴일에 출산했다면 당일을 포함하고요.

### 휴가의 종류와 일수

| 휴가 종류 | 내 용 | 휴가 일수 | 주 5일 수업인 경우 |
|---|---|---|---|
| 결 혼 | 교직원 본인 | 7 | 7 |
| | 자녀 | 1 | – |
| | 본인 및 배우자의 형제자매 | 1 | – |
| 회 갑 | 본인 및 배우자의 경우 | 5 | – |
| | 본인 및 배우자의 직계존속 | 1 | – |
| 출 산 | 배우자 | 3 | 3 |
| 사 망 | 배우자 사망, 본인 및 배우자의 부모 | 7 | 5 |
| | 본인 및 배우자의 증조부모나 외증조부모 | 5 | – |
| | 본인 및 배우자의 조부모나 외조부모 | 5 | 2 |
| | 자녀 사망, 자녀의 배우자 | 3 | 2 |
| | 본인 및 배우자의 형제자매 사망,<br>본인 및 배우자의 형제자매의 배우자 사망 | 3 | – |
| | 본인 및 배우자의 부모의 형제자매 사망,<br>본인 및 배우자의 부모 형제자매의 배우자 사망 | 3 | – |
| 탈 상 | 배우자, 본인 및 배우자의 부모 | 2 | – |
| | 본인 및 배우자의 증조부모, 조부모, 외증조부모,<br>외조부모 | 1 | – |
| | 본인 및 배우자의 형제자매,<br>본인 및 배우자의 형제자매의 배우자 | 1 | – |

05

# 사무관리

## 공문서 처리가 걱정이에요

수석교사님 안녕하세요.
오늘도 궁금한 게 있어서
찾아왔어요.
어서오세요.
편하게 앉으세요.
공문서 처리가
답답해서 왔어요.
공문서와 사문서가
어떻게 다른가요?
공문서란
행정기관이나 공무원이
직무상 작성한 문서랍니
다. 현재 시행되고 있는
문서나 접수한 문서 모두
공문서라고 하지요.
반면, 개인이 사적인 목적
을 위해 작성한 문서를 사
문서라고 해요.
네,
그렇군요.
그럼 학교에서 주로
사용하는 공문서는
어떤 것들인가요?
일반문서, 공고문서,
전자문서들이랍니다.
일반적으로 처리되는
문서가 일반문서고,
공고문서는 행정기관이
일정한 사항을 일반에
게 알리기 위한 문서를
말하는데 고시와 공고
가 주로 쓰인답니다.
컴퓨터 등 정보처리 능력을
가진 장치에 의해 전자적인 형태로
작성하여 송수신하거나
저장된 문서는 전자문서라고
하죠. 아시겠죠?

수석교사님.
제가 궁금했던 것은 문서의 효력 발생 기준인데요. 일반문서는 도달된 때를 기준으로 효력이 발생하는 걸로 알고 있는데 공고문서랑 전자문서는 언제부터 효력이 발생하나요?
문서가 효력을 발생하는 시기는 각각 다르답니다.
공고문서의 경우는 고시되거나 공고 이후 5일이 경과한 날에 효력이 있지만,
전자문서의 경우에는 수신자의 컴퓨터 파일에 기록된 때를 기준으로 효력이 발생합니다.
USB
그럼 문서를 접수한 날짜가 중요하겠네요. 맞죠?
하하. 네, 맞습니다.

## 기안은 어떤 때 하나요

누가 오셨나 봐요.
들어오세요~.
네-.
어머, 노 선생님. 안녕하세요.
예, 안녕하세요. 두 분도 계셨군요. 수석교사님께 여쭤 볼 게 있어서 왔습니다.
기안문 작성에 대해 여쭤 볼 게 있어서요.
그렇군요. 잘 오셨어요.

…….
이 선생님. 기안은 어떤 때 하게 되는 건가요?
음…….
주로 접수한 문서나 어떤 일을 처리하기 위해서 하게 되요. 그리고 상급자의 지시사항을 처리하거나 법령에 근거하여 일을 시행하고자 할 때에 기안을 하기도 해요.
그럼 문서 담당자만 기안을 하는 건가요?
그런건 아니에요. 공무원이라면 누구라도 기안자가 될 수 있어요.
이 선생님 너무 잘아신다~. 더 자세히 알려 줘요!
아하하…….

| 형식 | 구성 |
|---|---|
| 두 문 | • 행정기관명, 수신자, (경유) |
| 본 문 | • 제목, 내용, 붙임 |
| 결 문 | • 발신명의, 기안자 · 검토자 · 협조자 · 결재권자의 직위 또는 직급 및 서명<br>• 생산등록번호와 시행 일자<br>• 접수등록번호와 접수 일자<br>• 행정기관의 우편번호 · 주소 · 홈페이지 주소 · 전화번호 · 팩스번호<br>• 공무원의 공식 전자우편 주소<br>• 공개 구분 |

# 한국고등학교

수신자 ××교육감(××과장) (두문)

(경유)

제목 2009년 교원 동호회 공모 신청서 제출

1. ××과-12465(2009. 03. 16)의 관련입니다.

2. 위 근거에 의거 본교의 2009년 교원 동호회 공모 신청서를 다음과 같이 제출합니다.

| 연번 | 동호회 명칭 | 회원수 | 회장 | 총무 | 활동 주제 |
|---|---|---|---|---|---|
| 1 | GAPTWE B | 16 | 홍길동 | 성춘향 | WEB 콘텐츠 개발 · 적용을 통한 자기주도적 학습 능력 신장 방안 |
| 2 | GCIA | 14 | 김한국 | 이빛나 | 자신의 삶을 설계하고 실천하는 학생 육성을 위한 진로 프로그램 구안 적용 |

붙임: 1. 2009 교원 동호회 명단 1부

2. 2009 교원 동호회 활동 계획서 2부 끝. (본문)

# 한국고등학교장

교사 교무부장 교감 교장 (결문)

협조자

시행 한국고- (2009. 04. 01) 접수 ( )

우 410-010 경기도 빛나시 멋진동 125번지 / http://www.bisfilel.hs.kr

전화 (031)123-4567 전송 (031)123-4567 / school@hanmail.net / 공개

## 기안문 작성은 어떻게 작성하나요

예1) ~ 아래 내용을 참고하시기 바랍니다.  끝.

예2) 붙임1. 부품목록 1부.  끝.

예3) 붙임 ------------------------------------ 1부. (오른쪽 한계선에서 끝나는 경우)

 끝.

예4)

| 번호 | 성별 | 성명 |
|---|---|---|
| 1 | 남 | 홍길동 |
|  | 이하 빈칸 |  |
|  |  |  |

끝.

전결은 행정기관의 장으로부터
결재권을 위임받은 사람이 결재하는 것이고요,
대결은 기관의 장이
휴가나 출장 등으로 결재할 수 없을 때
그 일을 대리하는 사람이
결재하는 것을 말한답니다.

**예1) 학교장이 일반적인 결재를 하는 경우**
교사 홍길동 연구부장 이길상 교감 이기쁨 교장 박아무

**예2) 교감이 전결로 결재하는 경우**
교사 홍길동 연구부장 이길상 교감 전결

**예3) 교장 대신 교감이 대결하는 경우**
교사 홍길동 연구부장 이길상 교감 대결 이기쁨

**예4) 전결해야 할 교감이 부재중인 경우**
교사 홍길동 연구부장 대결 이길상 교감 전결

**예5) 결재 날짜를 표시할 경우**
교사 홍길동 연구부장 이길상 교감 전결 4/20 이기쁨

김 선생님이 어제 밤을 새서 피곤하신가 봐요.
수석교사님, 어제 받은 공문에 ★ 표시가 있는데 이건 무슨 뜻이에요?
예, 기안문에 ★ 표시와 ⊙ 표시가 있는데 ★ 표시는 발의한 사람 ⊙ 표시는 보고하는 사람을 뜻합니다. 이러한 표시는 기안문의 직위 또는 직급의 앞이나 위에 표시하도록 되어 있어요.
궁금증이 풀리셨죠? ^^
참! 제가 받은 공문이 이상해요. 기관장 직인이 없네요.
음…… 이건 맞게 작성된 공문이랍니다.
예? 다른 공문처럼 직인이 없는대요?
공문서의 관인이나 서명은 생략할 수 있답니다. 공문 아래에 있는 발신명의 오른쪽에 '관인생략' 이나 '서명생략' 표시를 하면 되지요. 이제 아시겠지요?
수석님, 감사합니다. 기안문! 이제 자신 있어요!

만화로 보는 교직실무

06

# 인사관리

## 제 호봉이 궁금해요

심~각
Hi~.
무슨 일 있어요?
왜 그렇게 표정이
어두워요?
아, 그게요.
지난 겨울방학 때
1정 연수를 받았는데도
연수를 안 받은 선생님과
호봉이 같은 거예요.
이거 왜 이럴까요?
어머
그래요?
이상하네
…….
음…….
어쩌죠.
이럴 땐
수석교사님!
아니겠어요?
그래요.
어서 가 봐요.
네.

방과 후
안녕하세요~.
어서 오세요, 여러분. ^^ 오늘은 무슨 일이신가요?
글쎄, 제가요. 1정 연수를 받았는데, 안 받은 선생님하고 호봉이 똑같아요. 뭐가 잘못된 건가요?
아~ 그러셨군요.
그럼 혹시 호봉 재획정은 하셨나요?
그건 뭐죠?
예, 호봉 획정에는 초임 호봉 획정과 호봉 재획정이 있어요.
신규 채용되었을 때 초임 호봉을 획정하고요.
새로운 경력을 합산해야 하는 일이 있거나 승급 제한 기간을 산입해야 하는 경우, 또는 호봉 획정 방법이 변경되는 경우에는 호봉 재획정을 한답니다.

| 적용 사례 | 호봉 계산 및 획정 호봉 |
|---|---|
| • 임용 일자: 3월 1일<br>• 2급 정교사인 경우: 8호봉<br>• 가산연수: 1년(사범계 졸업자)<br>• 학령: 대학 졸업자 16년<br>• 환산경력연수: 2년(기간제 교사: 100%)<br>• 기산호봉: 8호봉(2급 정교사) | • 경력: 환산경력연수+(학력−16)+가산연수= 2+(16−16) +1=3<br>• 초임 호봉: 기산호봉+경력=8+3=11호봉<br>• 차기 승급 호봉: 12호봉<br>• 차기 승급 일자: 다음 해 4월 1일(1년 1호봉 승급)<br>• 잔여기간: 1개월(호봉 재획정 시 가산) |

## 경력 계산은 어떻게 하나요

수석교사님!
어제 경력 계산을 해 봤는데
어떻게 해야 할지 모르겠어요.
좀 도와주시겠어요?
제가 3월 1일부로 임용되었는데,
그전에 한국교원단체총연합회에서
3년하고도 3월 16일을
근무했었어요.
그 경우엔 경력이 70%
적용된답니다.

### 적용 사례

- 환산경력연수: 「교육법」에 의한 한국교원단체총연합회 등에서 근무한 경력은 70% 적용함

  ① 3년×0.7=2.1=2년(0.1년×12월)=2년(1.2월)=2년1월(0.2월×30일)=2년1월6일

  ② 3월×0.7=2.1월=2월(0.1×30일)=2월3일

  ③ 16일×0.7=11.2일

  ④ 경력기간=①+②+③=2년1월6일+2월3일+11.2일=2년3월20.2일=2년3월20일
- 계산 결과 소수점 이하인 경우는 버리고 30일은 1월로 계산함

## 7차 교육과정 왜 바꾼 거죠

오늘도
안녕하세요~.
어서오세요.
여러분. 점심은
맛있게 드셨나요?
네!
수석교사님.
2009년도부터
바뀐 교육과정,
왜 바뀐 거죠?
변경된 교육과정에
대해 궁금하신가
보군요.
개정 교육과정은 사회적 환경과
교육 여건의 변화에 맞추고
단위학교 특성에 알맞은 교육과정을
편성 · 운영하는 자율권을 주기 위해
바뀐 거랍니다.
그리고
현행 주 5일 수업제
월 2회 실시에 따른
수업시수 조정과 함께
국가 · 사회적 요구를
반영하려는 목적도 있고요.

그럼 왜 8차 교육과정이 아니라 2007년 개정 교육과정이라고 한 거죠?
기존 7차 교육과정의 기본 틀은 유지하되 그동안 발생한 문제점과 미흡한 부분을 개선한다는 의미에서랍니다.
7차 교육과정에서 유지되는 것은 어떤 것인가요?
학부모와 학생이 주체가 되는 수요자 중심 교육과 단위학교에서 만들어 가는 교육과정인 점,
또 국민공통 기본교육과정과 선택중심 교육과정 등의 기본체제는 7차에서 그대로 유지되지요.
그래서 개정 교육과정 이군요.
그럼 개정 교육과정은 언제부터 시행되나요?
2009년부터 연차적으로 이미 시행되었답니다. 수학과 영어 교과는 2011년, 나머지 교과는 2013년에 모두 적용되지요.

### 제7차 교육과정 적용 사례

- 2009년 3월: 초등학교 1학년, 2학년
- 2010년 3월: 초등학교 3학년, 4학년, 중학교 1학년
- 2011년 3월: 초등학교 5학년, 6학년, 중학교 2학년, 고등학교 1학년
- 2012년 3월: 중학교 3학년, 고등학교 2학년
- 2013년 3월: 고등학교 3학년

### 수학, 영어 교육과정 적용 사례

- 2009년 3월: 초등학교 1학년, 2학년, 중학교 1학년, 고등학교 1학년
- 2010년 3월: 초등학교 3학년, 4학년, 중학교 2학년, 고등학교 2학년
- 2011년 3월: 초등학교 5학년, 6학년, 중학교 3학년, 고등학교 3학년

그런데 미래 교육과정은 어떤 건가요?
미래 교육과정은 현재의 획일적인 교육으로는 창의적 인재육성이 어렵다는 문제의식에서 출발했어요.
따라서 학교 중심의 교육과정을 통해 글로벌 창의인을 양성하는 것이 목적이랍니다.
이런 의미에서 미래 교육과정을 학교 중심 자율교육과정이라고도 한답니다.
수석교사님. 오늘 친절하게 설명해 주셔서 고마워요. 다음에 또 뵐게요.
저도 여러분과 이렇게 얘기하는 것이 즐거운 걸요. 다시 뵐 때까지 샬롬~.

### 개정 7차 교육과정의 내용

| 영역 | 내용 |
|---|---|
| 단위학교의 교육과정 편성 · 운영 자율권 확대 | • 재량활동 운영의 학교 자율권 확대<br>– 초등학교: 창의적 재량활동으로 운영<br>– 중 · 고등학교: 시 · 도 교육청의 편성 및 지침에 따라 학교에서 편성<br>• 교과 집중 이수제 도입: 학기 또는 학년 단위 집중 이수 가능<br>• 특성화학교, 자율학교 등에 교과목별 수업시간 수의 증감 등 교육과정 편성 및 운영의 자율권 부여 |
| 국가 · 사회적 요구 사항의 반영 | • 과학교육 강화: 고등학교 1학년 과학과 수업시수 확대<br>• 역사교육 강화<br>– 사회 교과 내에서 중등 역사과목(국사+세계사) 독립<br>– 고등학교 1학년 역사 과목 수업시수 확대<br>– 고등학교 선택과목 동아시아사 신설<br>• 기타 국가 및 사회적 요구 사항의 반영<br>– 교과, 재량활동, 특별활동에서 범교과 학습으로 반영하도록 제시 |
| 고등학교 선택중심 교육과정 개선 | • 고등학교 선택과목 신설 및 개설 허용(교육감 승인)<br>• 고교 선택과목 일원화: 일반선택과 심화선택을 선택과목으로 일원화<br>• 선택과목군 조정: 선택과목군을 6개 과목군으로 조정 |
| 수업시수 일부 조정 | • 주 5일 수업제 월 2회 시행에 따른 수업시수 감축 반영<br>– 초 1, 2학년 감축 없음<br>– 초 3학년부터 고등학교 3학년 주당 1시간 감축 |
| 기 타 | • 선택과목에 배당된 132단위 중 학생의 선택을 최소 28단위 이상으로 하도록 함(시 · 도 교육청 지침 기준). 현행 50%까지로 제한하고 있음<br>• 시 · 도 교육청 교육과정 편성 및 운영지침, 지역교육청의 장학자료 작성 시 다문화가정 자녀의 교육에 관한 사항 추가. 현재 특수아, 귀국자 자녀의 교육에 관한 사항만 정하고 있음<br>• 계기교육에 대한 근거 마련<br>• 시 · 도 교육청의 학업성취도 평가, 교육과정 편성 및 운영 평가 등에 대한 근거 마련 |

※ 교등학교 개정 교육과정 편제의 경우

① 교과(군)와 창의적 체험활동으로 편성함

② 교과는 보통교과와 전문교과로 함

③ 창의적 체험활동은 자율활동, 동아리활동, 봉사활동, 진로활동임

## 교사는 경력직! 맞나요

저기요~~.
심 선생님께서 교사가
경력직 공무원이냐고 물었는데
맞나요?
글쎄요.
정확히 잘
모르겠네요.
저는 그렇게 알고 있었는데.
갑자기 물어보니
헷갈리네요.
그럼
수석교사님께
여쭤 볼까요?
좋아요~.
같이 가요.
안녕하세요.
오늘은 여러 가지
여쭤 볼 것이 있어서
왔어요.
어서 오세요.
여러분.

교사에 대해 흔히 쓰는 용어들이 혼동되어서요. 그동안 관심이 없어선지 잘 모르겠네요. 그리고 교사는 경력직이 맞나요?
잘 오셨습니다. 우선 교사의 자격에는 준교사, 정교사(1, 2급), 교감(원감), 교장(원장)이 있어요.
그리고 전문상담교사(1, 2급)와 사서교사(1, 2급), 보건교사(1, 2급), 영양교사(1, 2급), 실기교사 등 다양하답니다.
교사의 자격도 그렇게 많아요? 그렇다면 교직원은 누가 될 수 있지요?
원상, 원감, 교사 외에 촉탁의사, 영양사, 간호조무사, 행정직원을 통틀어서 교직원이라고 해요.
사립학교 교사도 교직원인가요?
맞습니다. 사립학교 교사는 교직원이지만 교육공무원은 아니지요. 그리고 국가공무원에는 경력직과 특수경력직이 있어요.

교사는 경력직 가운데 특정직에 해당합니다.
그렇지만 교육감은 교사처럼 특정직이 아니고 「지방공무원법」에 따라 특수경력직에 해당하는 정무직 공무원이에요.
정무직이란 선거에 의해 취임이나 임명을 할 때 국회의 동의를 얻어야 하는 공무원을 말한답니다.
그럼 부교육감은 지방공무원인가요?
부교육감은 국가공무원으로서 직급은 관리관이나 장학관에 해당해요.
복잡하네요. 교육공무원에는 국 · 공립 교원만 있나요?
아니랍니다. 그 외에도 교육전문직이 있어요.
장학사나 장학관, 교육연구사, 교육연구관은 모두 국 · 공립 교원이 아니라 교육전문직이랍니다.
아하……. 그래서 교사가 장학사가 되면 전직이라고 하는 거군요?
맞습니다. 직렬이 다르기 때문이지요.

국 · 공립 교원에는 교사(유 · 초 · 중등)나 원감, 원장, 교감, 대학교수, 학장, 총장이 해당되지요.
사립학교 선생님은 국 · 공립 교원이 될 수 없는 건가요?
사립학교 교사는 국가공무원은 아니지만, 국 · 공립 교원으로 전보할 수는 있어요.
수석교사님! 제 인사기록에 승급이라고 되어 있는 게 승진을 뜻하는 건가요?
승급과 승진은 달라요. 승급은 현재의 호봉보다 높은 호봉으로 부여되는 것을 말하지만,
승진은 직위의 등급이나 계급이 오르는 것을 뜻한답니다.
그렇구나~ 나도 빨리 승진하고 싶다.

만화로 보는 교직실무

07

# NEIS에 대해 궁금해요

## NEIS에서 무슨 일을 하나요

말로 설명하려니
잘 기억이 안 나네요.
학부모서비스, 민원서비스,
교육행정정보시스템의
업무가 있는데…….
아, 마침
수석교사님이
오셨네요.
수석교사님!
안녕하세요. 수석교사님.
NEIS에 대해 설명해 주실 수
있겠어요? 이 선생님이
물어봤는데 잘 설명할
수가 없네요.
아, 그래요?
NEIS는 우리나라 만여 개
초·중·고·특수학교에서
사용하고 있는 종합
교육행정정보시스템
이랍니다.
현재 우리나라 182개의 지역
교육청과 16개 시·도 교육청 및
교육과학기술부가 인터넷을 이용해
모든 교육행정 정보를 전자적으로
연계·처리하고 있어요.
아~~.
그렇군요.

그럼 NEIS에서
무슨 일들을 하는지
알려 주세요?
크게 세 부분으로 나누면
학부모서비스, 민원서비스,
교육행정정보시스템이지요.
이 가운데 선생님들은
교육행정정보시스템과 학부모서비스를
주로 이용하고 있어요.
네~~,
그런데 NEIS를
이용하려면 어떻게
접속하지요?
시 · 도 교육청의
'업무포털' 사이트에
접속하면 됩니다.
'업무포털' 사이트 화면은
다음과 같답니다.

교직원업무의 경감
교육행정의 효율성, 투명성 제고
경기도교육청
업무포털
아이디
로그인
아이디를 분실하셨나요? ID 찾기
처음오신 분들은 원활한 서비스를 위해
사용자 등록 및 인증서 등록을 해주시기 바랍니다.
GPKI
사용자 등록
교과부 GPKI
인증서 변경
나이스 원격지원
이용안내
※ 본 페이지는 Internet Exploer 6.0이상의 버전과 1024*768 해상도 이상에서 최적화 되어 있습니다.
교육과학기술부
KERIS 한국교육학술정보원
대국민서비스
EDUNET 에듀넷
대한민국전자정부

아하!
여기로 접속하면
되는구나.
수석님
정말 고마워요~.
별 거 아닌걸요.
문제가 해결되서
다행이네요.

## NEIS의 학부모 서비스 내용

| NEIS 영역 | 내 용 |
|---|---|
| 학교정보(9종) | • 학교 기본정보<br>• 교육과정-과목 및 담당교사, 반별시간표, 주간학습(초)<br>• 학사일정-연간학사일정, 월간학사일정<br>• 급식식단표-월간식단, 주간식단<br>• 가정통신문 |
| 학생정보(21종) | • 학교생활기록부, 학생건강기록부<br>• 학습안내-교회학습자료, 교내학습자료<br>• 학생생활-월출결통계, 출결사항, 자치활동조회, 적응활동조회, 행사활동조회, 계발활동조회, 봉사활동조회, 치료교육활동조회(특)<br>• 성적-고사별정 오답표(중, 고), 성적통지표(중, 고, 특), 표준점수분석표(중, 고, 특), 성적변화표(중, 고, 특), 학업성취도(초, 중, 고), 개인별맞춤학습(중, 고), 성적(초, 특)<br>• 진로/상담자료, 심리검사 결과<br>• 대입전형자료 제공 현황<br>• 각종 교육비 납입현황 |
| 학부모 상담관리(3종) | • 상담 공지사항<br>• 상담신청 및 조회-선생님과의 상담, 상담 내역 조회 |
| 자녀교육활동정보(6종) | • 학업정보, 인성정보, 진학정보, 진로정보, 특수아정보<br>• 내자녀 건강알리미 |
| PAPS(14종) | • 측정마당-자가측정<br>• 평가마당-평가결과조회, 평가결과이력조회, PAPS지수조회, 통계분석<br>• 처방마당<br>• 활용마당-학습도움자료 조회, 운동콘텐츠, 건강콘텐츠, PAPS콘텐츠, 주요 콘텐츠, 용어사전<br>• 관리마당-자녀의 현재상태, 자녀의 신체활동분석 |

※ 방과후 학교 항목을 추가 서비스 예정임.

※ 학부모서비스는 55종을 제공하지만 주간학습(초등), 특별활동조회, 성적통지표(중 · 고)는 학교장이 제공 여부를 결정하며 나머지는 기본적으로 제공됩니다.

※ 학부모서비스는 재학생만을 대상으로 하고 있습니다.

※ 2011학년도부터는 공문서처리, 물품구입, 학사행정 업무를 통합한 차세대 나이스인 업무포털로 통합하여 운영하고 있으며, 이곳에는 메인, 마이페이지, 나이스, 에듀파인, 업무관리 항목이 있다.

## 내 인사기록은 어디에……

이건 어떻게
하는 거야. ㅠㅠ
딸깍
딸깍
안녕하세요~.
안녕하세요.
이 선생님!
지금은
바쁘신가 봐요?
같이 커피나 마실까
했는데…….
저도 그러고 싶은데
약간 문제가 있어서요.
무슨
문제요?
제 봉급 명세서를
인쇄하고 싶은데
도대체 어디에 있는지
못 찾겠어요.

그럼
제가 도와
드릴게요.
'업무포털' 사이트의
NEIS 항목에 접속하셨지요.
왼쪽 중간 '나의 메뉴' 아래 '급여' 에서
'지급명세서' 를
눌러 보세요.
교무업무 / 에듀파인 / SITE MAP / HELP / MY PAGE / 사용자정보수정 로그아웃
MENU
나의 메뉴
복무
급여
지급명세서
년도별급여총지급현황
기준소득월액본인확인
연말정산
교직원공제회회원업무
인사기록
전보
평정
또한 '나의 메뉴' 에서
'인사기록' 항목을 누르시면
개인의 인적 사항도 보실 수 있어요.
앗, 됐다!
정말이지
이렇게 쉬운데
헤매기만
했었네요.

## 출장 가려는데 어떻게 하나요

어서 오세요
심 선생님.
오늘도 좋은
날씨네요.
네, 수석교사님.
안녕하세요.
이번에 출장을
가게 되었어요.
그렇군요.
잘 다녀오세요.
네. 그런데
교장선생님께서
NEIS에 출장신청을
하고 다녀오라는데
어떻게 해야 하나요.
나의 메뉴
복무
개인근무상황신청
일일근무상황조회
개인초과근무신청
개인출장관리
당직표조회(개인)
일일당직자조회
급여
연말정산
교직원공제회회원업무
인사기록
이리 오세요.
직접 화면을 보면서
설명해 드릴게요.
'업무포털' 사이트에 로그인하신 후,
'나이스' 항목에 있는 '나의 메뉴'에서
'복무'의 하위 항목인 '개인출장관리' 항목이
보이지요?
네.
앗. '개인출장관리'란 메뉴가 있었군요.

출장신청
※ 근무지내출장(복수) 신청은 <개인근무상황신청>에서 신청하
※ 출장지, 기간항목 옆에 체크를 한 경우는 일일근무상황에
※ 변경 신청, 출장신청 수정의 경우 겸임기관 신청여부, 여비
출장종류
선택
여비지급하지않음
일 반복여부
겸임기관신청여부
기간
2011.04.17
09
00
부터
연락처(전화번호)
출장지
출장 목적
이동 사항
정규직원 수
1 명
비정규직원 수
0 명
관용차량이용여부
이제 여기서 '신청' 항목을 누르시면 '출장신청' 창이 보이고요. 필요한 내용을 입력하신 후 오른쪽 상단의 '승인요청' 버튼을 누르면 되지요.
신기하네요. 그런데 어떻게 결재를 하지요?
'기안문서상신' 창에서 오른쪽 상단의 '결재자 지정' 버튼을 눌러 결재자를 선택하고, 지정된 부장(교무부장)과 교감선생님 성함을 차례대로 선택하신 후, 최종적으로 '상신' 버튼을 누르면 됩니다.
그런데 출장에 교장선생님은 선택하지 않아도 되나요?
네, 선생님들의 업무를 줄여 드리기 위해 전결 규정을 두었어요. 따라서 교감선생님까지만 결재하면 됩니다.
아하! 그럼 이제 직접 해 보는 일만 남았네요. 늘 감사드려요.

## 초과근무는 어떻게 신청하나요

'업무포털' 사이트의 NEIS에 접속하신 후 '나의 메뉴'의 '복무' 항목에서
'개인초과근무신청' 버튼을 누르시면 창이 보일 겁니다.
여기서 '조회' 버튼을 누르시면, 오른쪽에 '등록' 버튼이 보이지요.
'등록' 버튼을 누르시면 '초과근무신청' 창이 열리는데
필요한 사항을 선택하여 기록하신 후 '승인요청' 버튼을 누르시면 됩니다.

**나의 메뉴 → 복무 → 개인초과근무신청 → 조회 → 등록 → 초과근무신청 → 필요사항 기록 후 → 승인요청**

초과근무신청은 교장선생님까지 결재자를 지정하여 승인을 받아야 합니다.

결재라인이 너무 복잡한 것 같아요.
처음에는 복잡하게 느껴지죠. 당연하답니다. 저도 그랬어요. 하지만 곧 익숙해질 거예요.
NEIS는 편리하지만 여러 단계를 거쳐야 해서 헷갈리네요.
그리고 결재라인은 학교에 비치된 전결 규정을 보시면 알기 쉬워요.
그럼 이만 갈게요.
수석교사님 항상 도와주셔서 정말 고마워요~.
^^ 언제든지 와서 물어보세요. 안녕히 가시고요. 샬롬~.

## 우리 반 학생 부모님이랑 상담하고 싶어요

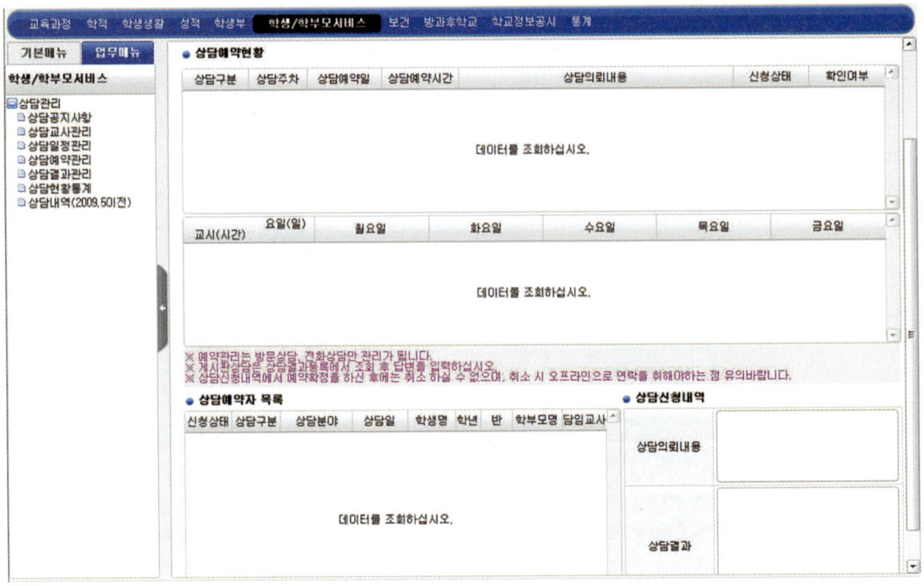

교육과정 학적 학생생활 성적 학생부 학생/학부모서비스 보건 방과후학교 학교정보공시 통계
기본메뉴 업무메뉴
학생/학부모서비스
상담관리
상담공지사항
상담교사관리
상담일정관리
상담예약관리
상담결과관리
상담현황통계
상담내역(2009.5이전)
상담예약현황
상담구분 상담주차 상담예약일 상담예약시간 상담의뢰내용 신청상태 확인여부
데이터를 조회하십시오.
요일(일) 교시(시간) 월요일 화요일 수요일 목요일 금요일
데이터를 조회하십시오.
※ 예약관리는 방문상담, 전화상담만 관리가 됩니다.
※ 게시판상담은 상담결과등록에서 조회 후 답변을 입력하십시오.
※ 상담신청내역에서 예약확정을 하신 후에는 취소 하실 수 없으며, 취소 시 오프라인으로 연락을 취해야하는 점 유의바랍니다.
상담예약자 목록
신청상태 상담구분 상담분야 상담일 학생명 학년 반 학부모명 담임교사
데이터를 조회하십시오.
상담신청내역
상담의뢰내용
상담결과

아하, 여러 가지 기능이 있네요.
그렇지요. 학부모 상담을 비롯하여 학부모에게 문자메시지를 발송할 수 있고 진로정보 기능도 있답니다.
학부모 상담을 하시려면 왼쪽의 '상담관리' 메뉴의 '상담예약관리' 를 누르면 학부모의 글을 보시고 답변하실 수 있어요.

상담이 훨씬 편리해지겠네요.
그런데 학부모가 글을 올리려면
NEIS에 접속해야 하나요?
접속 방법이
복잡한데…….
아니랍니다.
학부모는
'나이스대국민서비스'
(http://www.neis.go.kr) 홈페이지에
접속하면 '학부모서비스'
창이 열린답니다. 이곳에서
해당교육청을 선택하여
글을 올리는 거죠.
아하,
선생님과 학부모가
글을 올리는 사이트가
다른 거군요.
예, 맞습니다.
친절하게
가르쳐 주셔서
고맙습니다.
^^
안녕히 계세요~.

## 우리 반 성적통지표 어디서 출력하나요

08

# 매력적인 수업

# 수업을 잘하고 싶어요

수업을 더 잘하고 싶은데 막막해서요.
아~. 나도 그래요. 우리 수석교사님께 여쭤 보면 좋은 조언을 들을 수 있지 않을까요?
어서오세요 이 선생님.
네. 어떻게 해야 더 좋은 수업을 할 수 있을까요?
사실 수업은 교사에게 제일 중요한 부분이지요.
제 생각엔 수업은 효과적이고 효율적이며 매력적으로 해야 한다고 봅니다.
그게 뭐죠? 잘 이해가 안 돼요.
효과성은 좋은 결과, 효율성은 좋은 과정,
매력성은 흥미와 관심을 뜻합니다.

이 세 가지가 있어야 좋은 수업이지요.
더 자세히 설명해 주세요.
수학시간에 인수분해를 푼다고 가정해 봐요.
이때 정해진 시간에 더 많은 문제를 푸는 게 효과성, 같은 수의 문제를 짧은 시간에 적은 노력으로 푸는 것은 효율성이지요.
그럼 매력성은요?
매력성은 학생에게 지적 호기심과 동기를 유발할 수 있는 흥미를 말해요.
구체적으로 말하자면, 학생 스스로 학습할 수 있도록 도와주는 수업이 매력적인 수업이라고 생각해요.
교사가 아닌 학생 중심의 수업인 거지요.
학생들이 자기들끼리 자료를 검색하고 토론하고 아이디어를 만들어 내면서 학습하는 과정 속에서 호기심과 흥미를 갖도록 하는 수업인 셈이죠.

그럼, 교사는 어떤 일을 해야 하나요?
학생들이 스스로 할 수 있도록 도와주는 거지요. 예를 들어, 수업 때 관찰자가 되어 학생들이 좀 더 잘할 수 있도록 격려해 주고, 제대로 학습하지 못하는 학생에게 자료를 제공하거나 학습안내를 해야 한답니다.
수업을 하기 전에 교사가 미리 준비해야 할 일들이 많겠네요.
그렇답니다. 매력적인 수업을 위해서는 사전준비가 정말 중요하니까요. 학생들이 무엇을 배우기를 원하는지 미리 분석하여 계획을 세우고 필요한 학습 주제를 설정하거나, 수업을 위한 다양한 자료를 준비와 함께 평가자료까지 체계적으로 마련해야 한답니다.
참고가 될지 모르지만 이 자료도 한 번 읽어 보세요.
우와, 이런 것까지. 꼼꼼하시네요.
이건 다른 선생님들에게도 보여 주는 게 좋겠어요. 그렇죠, 이 선생님?
네 그래요.

## 좋은 수업을 위한 10가지 전략

| 문제 요소 | 수업 전략 |
|---|---|
| 1. 수업 문제를 설정하라. | • 수업 주제가 학습단원이나 학습목표에 벗어나지 않도록 한다.<br>• 단원과 관련된 교과별, 학년별 내용에 알맞게 설정한다. |
| 2. 실태조사 · 분석을 실시하라. | • 학습내용이나 목표와 관련된 실제적인 실태조사를 한다.<br>• 학습단원과 관련된 선행학습 상태와 학습자 분석을 실시한다. |
| 3. 교수-학습 계획을 세워라. | • 교육과정에 제시된 필수 학습 요소를 중심으로 설계한다.<br>• 교과서의 단원 구성 체제를 정확히 분석한다. |
| 4. 학습목표를 설정하라. | • 자의적이거나 보여 주기 위한 수업을 하지 않도록 한다.<br>• 대단원, 소단원, 학습활동으로 세분화하여 학습목표를 세운다. |
| 5. 교수-학습 과정안을 구안하라. | • 교사가 지시하고 학생이 따라하는 결과 중심 수업은 피한다.<br>• 수업시간에 배워야 할 학습 요소별로 교사와 학생의 과정안을 구체적으로 작성한다. |
| 6. 교수-학습 모형을 적용하라. | • 수업 전에 과제를 주고 나서 모둠별 발표만 하지 않도록 한다.<br>• 한 가지 모형보다는 학습 요소별로 다양한 모형을 제시한다. |
| 7. 형성평가 문항을 제시하라. | • 형성평가는 단원별 성취도 평가나 지필평가가 아니다.<br>• 수업 중 학생의 성취수준을 판단하는 질의응답 평가를 한다. |
| 8. 학습목표를 잘 제시하라. | • 학습목표를 미리 판서한 후, 학생들이 낭독하지 않게 한다.<br>• 자연스럽게 학습목표 성취의 필요성을 인식하도록 한다. |
| 9. 학습내용과 발문을 사용하라. | • 교사의 역할과 교수력을 적극 발휘하여 지도한다.<br>• 지시 위주와 결과 중심의 학습이 되지 않도록 한다.<br>• 학습내용을 단계적으로 세분화하여 수많은 질문을 유도한다. |
| 10. 교수력을 좌우하는 요인들 | • 시각 · 청각자료를 남용하지 않도록 한다.<br>• 수업활동 보조자료는 학생보다 교사가 직접 제작한다.<br>• 협동학습을 위한 보조물과 행동은 필요한 것만 선택한다.<br>• 마이크는 집단의 수와 크기를 고려하여 신중하게 사용한다. |

## 연구수업 어떻게 준비하나요

교육과정은 교육기관 인터넷 사이트나 학교 도서실에 가시거나 교무부장님께 도움을 요청하면 되는 것 아시죠?
네. 그런 다음에는요?
수업지도안을 작성하시면 된답니다. 잘 모르시겠다면 기존에 발표된 수업지도안, 컴퓨터를 활용한 수업지도안 등의 자료를 검색해 보시면 얼마든지 예를 구할 수 있을 거예요.
대학교 때 수업지도안 작성을 연습했던 게 도움이 되겠네요.
또한, 실수를 줄이기 위해 공개수업 전에 미리 실제 상황처럼 시연을 해 보시기 바랍니다.
사전에 필요한 보조자료나 컴퓨터, PPT도 점검해 보시고요.
사전연습도 사전연습이지만 어떻게 내용을 구성해야 하는지가 더 고민이에요.
훌륭한 수업지도안은 학생 중심으로 전개되어야 해요. 따라서 자료를 사용하실 때 학생들이 흥미를 갖거나 쉽게 접하는 내용을 학습내용과 접목시켜서 제시하면 효과가 있지요.

그럼, 수업과 관련된 영화나 드라마를 편집해서 사용하는 건 어떨까요?
good idea~~. 학생들에게 많은 내용을 주입시키려 하기보단 학생 스스로 공부하는 도중에 발견하고 깨닫도록 하는 것이 최고랍니다.
그렇네요. 제가 학생이라도 그렇겠어요. 조언해 주셔서 정말 감사해요.
^^

## PBL의 실체

이 선생님!
Hi~ 그렇게 열심히 뭘 하세요? 도와드려요?
서류 정리를 좀……. 도와주시면 고맙죠.
휴, 최 선생님 덕분에 빨리 끝났네요.
도움이 되었다니 기쁜데요.
아, 그런데 이 선생님 혹시 PBL을 아세요?

PBL요?
제가 지난번에 연구대회에 참가했는데 PBL이란 단어를 자주 쓰더라고요. 그런데 무슨 뜻인지를 정확히 몰라서요.
제가 알기로는 PBL은 두 가지 뜻이 있어요. 문제중심학습을 말하는 Problem Based Learning, 그리고 프로젝트 수업인 Project Based Learning 이 있어요.
제가 들었던 게 무슨 뜻으로 쓰였는지 모르겠네요.
두 가지가 어떻게 다른지 아세요?
대충은 알지만……. 설명하려니 어렵네요.
여러분, 퇴근할 시간인데 뭐하세요?
수석교사님!

딱 맞춰서 오셨네요. PBL의 두 가지 뜻이 어떻게 다른지 최 선생님께 설명해 주시겠어요?
예, 가면서 설명해 드리죠.
문제중심학습(Problem Based Learning)이란 정답이 주어진 문제를 학습자 스스로 해결하기 위해
정보를 수집하고, 이를 해결하는 과정을 통해서 학습이 이루어지는 방식이지요.
그리고 프로젝트학습(Project Based Learning)은 프로젝트에 대해 학습자 스스로 계획을 세우고 정보를 수집하여 결과를 창조하는 과정을 통해 학습이 이루어지는 형태를 의미한답니다.
그럼, 문제중심학습과 프로젝트학습은 전혀 관계가 없는 건가요?
꼭 그런건 아니랍니다.
둘 다 약칭으로는 PBL이라도 그 의미는 다르지요. 그렇지만 문제중심학습을 프로젝트학습의 전통적인 학문의 배경으로 보는 학자도 있답니다. 전혀 관계가 없는 건 아니에요.
아하~.

| 용어 | 문제중심학습 (problem Based Learning) | 프로젝트학습 (Project Based Learning) |
|---|---|---|
| 의미 | • 정답이 주어짐<br>• 문제를 해결해 나가는 과정을 통해 학습이 이루어짐<br>• 학습자 스스로 문제를 해결해 나감 | • 프로젝트가 주어짐<br>• 산출물을 만들어 가는 과정을 통해 학습이 이루어짐<br>• 학습자 스스로 산출물을 만들어 나감 |
| 약칭 | PBL | |

## CSCL과 협력학습

예. 수석교사입니다.
수석교사님!
제가 지금 연수 중인데 강사님이 CSCL과 협력학습에 대해 이야기를 하시는데 무슨 뜻인지 알려 주시겠어요. 급하네요.
CSCL이란 컴퓨터 지원 협력학습이에요. 원어로 Computer Supported Collaborative Learning의 약자죠.
학습자들이 컴퓨터를 사용해 함께 학습하는 것이랍니다.
컴퓨터를 이용한 협력학습이란 말씀이시군요. 또 다른 협력학습의 유형은 없나요?
물론 있답니다. CSCL 이외에도 CSCW라고 하는 컴퓨터 지원 협력작업이 있어요. 이는 Computer Supported Collaborative Work의 약자인데,
공동의 과제에 대한 집단작업, 다시 말해 집단이 공유하는 인터페이스를 제공하는 컴퓨터 기반 네트워크 시스템을 가리킨답니다.

| | | | |
|---|---|---|---|
| 용어 | 컴퓨터 지원 협력학습 (Computer Supported Collaborative Learning) | 컴퓨터 지원 협력작업 (Computer Supported Collaborative Work) | 협력의 과정 (process of collaborative) |
| 의미 | 학습자들이 컴퓨터를 사용하여 공동의 목적을 위해 집단이 함께 학습하는 것 | • 공동의 과제에 대한 집단적 작업의 지원<br>• 집단이 공유하는 인터페이스를 제공하는 컴퓨터 기반 네트워크 시스템 | • 팀 만들기<br>• 아이디어 생성<br>• 의사결정<br>• 활동 또는 산출<br>• 평가 또는 재현 |
| 약칭 | CSCL | CSCW | |

09

# 교육연구방법

## 연구대회! 어떻게 준비하나요

수석교사님, 안녕하세요~.
어서 오세요.
자리에 앉아서
얘기하죠.
오늘은
연구대회에 관해
알고 싶어서
왔어요.
우선,
연구의 종류에
대해 알려 주세요~.
학교현장에서 이루어지는 연구를
교육연구 또는 현장연구라고 부른답니다.
매년 연구대회를 개최하는데
교육자료전을 비롯해서 현장연구,
방송연구대회, 소프트웨어공모전 등
종류가 무척 다양해요.
그럼, 어떻게
준비를 해야 할까요?

우선, 선생님께서 교육활동을 하시면서 연구로 발전시킬 수 있는 내용을 주제로 삼으시면 되고요, 이에 알맞은 대회에 지원서를 제출하시면 됩니다.
저처럼 경력이 얼마 되지 않은 교사도 참여할 수 있나요?
그럼요. 좋은 아이디어만 있다면 교사로서 누구나 가능하지요.
따라서 연구를 하시려면 교육청이나 시 · 도 교육연구원, 교원총연합회 등의 교육기관 웹사이트를 방문해서 참여하려는 연구대회에 관한 공문을 탐색해 보시면 됩니다.
저는 지금까지 한번도 연구대회에 참여한 경험이 없어서 어디서부터 시작을 해야 할지 모르겠어요.
너무 걱정하지 마세요. 앞에서 말씀드린 교육청이나 시 · 도 교육연구원, 교원총연합회 등의 교육기관 웹사이트를 방문하셔서
지난 대회 입상자들의 논문이나 연구 주제를 보시면 알게 될 거예요.

그런 다음엔
어떻게 하나요?
관련 주제를 정하신 후,
연구대회의 성격에 맞게
연구계획서를 작성하고 학교장
결재를 받아 공문으로
연구를 주관하는 기관에
제출하면 됩니다.
그리고 연구보고서나
작품을 제출하여 시 · 도 교육청
심사를 받아 1등급으로 입상하시면
전국대회에 참여할 수 있는
자격이 주어진답니다.
아하, 그렇군요.
이제 저도 할 수
있을 것 같아요.
수석교사님께서
도와주시면
더 좋구요.
물론입니다.
선생님들 모두 힘내시고
파이팅! 하세요.
네! 조언
감사드려요.
안녕히 계세요~.

# 연구논문! 어떻게 써야 하나요

학술논문과 현장연구가 다른 것이군요. 그럼 가장 큰 차이점은 무엇인가요?
현장연구의 경우에는 실천 중심이나 실천 과제를 여러 개의 하위 주제로 선정한 후, 이에 대한 면밀한 연구과정을 거쳐야 한답니다.
그럼 현장연구와 학술논문은 쓰는 방법도 많이 다르겠네요?
연구의 방법이나 기술과정이 크게 다르지는 않답니다.
다만, 학교 현장연구는 연구의 필요성이나 목적 등이 학교현장에서 다루어야 하는 내용으로 부각되어야 하겠지요.
수석님 말씀 들어보니 다소 이해가 되네요. 일단 시작해 본 후 다시 자문을 구하겠습니다.
그래요. 시작이 반이랍니다. 심 선생님, 힘내세요.

10

# 승진하고 싶어요

## 다른 학교에서 근무하고 싶어요

그럼요,
교장선생님을 포함해
모든 교사가
해당되는 걸요.
한 학교에 몇 년 정도
있어야 이동할 수 있나요?
저는 올해 왔거든요.
시 · 도 교육청에 따라 다르지만,
한 학교에 2년 이상 근무하면 가능해요.
적응이 힘든 경우 1년만에도 가능하고요.
보통 4년이나 5년 정도 되었을 때
이동을 많이 하는 편이랍니다.
왜요, 이동하고 싶으세요?
절대 아니죠~.
그렇지만 궁금해서요.
제가 아는 전문계 선생님이
같은 학교에서 10년 넘게
근무하고 계시던데,
이 경우엔 어떻게 된 거죠?
일부 과목은 인사규정상
예외를 두기도 하거든요.
그렇지만 한 학교에서 5년이 지나면
학교장에게 전보를 미루어 달라는
전보유예신청서를 매년 승인받아야 해요.

그렇구나~.
제가 처음 교사를 시작할 땐
임용이라고 하던데,
학교를 옮기는 것은
전보라는 말을 쓰더라고요.
서로 다른 뜻인가요?
글쎄요, 다른 거 아닐까요?
정확히 어떤 차이가 있는지
인터넷에 검색해 볼까요?
아하, 여기 있네요. 임용은
신규채용, 승진, 승급, 전직, 전보,
겸임, 파견, 강임, 휴직, 직위해제, 정직,
복직, 면직, 해임 및 파면을 말하고,
전보는 교육공무원의
동일 직위 및 자격 내에서의
근무기관이나 부서를 달리하는
경우를 말한다고 돼 있네요.
그럼, 신규로 교사가 되거나
처음 교장이 되는 것은 임용이고
다른 학교로 전근을 가는 것은
전보라고 하는 거네요.
정답이에요.
그리고 신규채용이나
승진을 하면 임명장을 주고,
다른 학교로 가는 전보의 경우에도
임용장을 준답니다. 다만,
교수 이하의 교사나 교원의 전보는
인사발령통지서를 준다고
되어 있네요.
혹시 직위와 직급이
무슨 말인지도 알 수 있나요?

그것도 여기 있네요.
직위란 1인의 교육공무원에게
부여할 수 있는 직무와 책임을 말하는 거고요.
직급이란 직무의 종류, 관련성과 책임도가
유사한 직위의 군을 말한다고 하네요.
예를 들자면, 교사, 교감,
장학사, 장학관 등은 직급이고요,
과장, 국장, 교육장 등은
직위가 되네요.
그러니까 장학관은 직급이지만,
장학관이 교육장을 할 때는
교육장은 직위가 되는 거군요.
맞아요.
이해가 빠르시네요.
유 선생님
덕분이죠.

## 학교장이 되고 싶어요

수석교사님, 우리 학교 교장선생님은 장학사를 지내셨다는데, 장학사를 하다가 교장을 할 수도 있나요?
음, 장학사를 하다가 직접 교장이 되지는 않는답니다. 장학사는 교감이 될 수 있고요, 학교장이 되려면 승진을 해서 장학관이 되어야 할 수 있어요.
그럼, 장학관이 되어야만 학교장을 할 수가 있는 건가요?
아니랍니다. 학교장이 되는 방법은 여러 가지예요. 일반적인 방법은 교사가 교감으로 승진하였다가 학교장이 되는 거고요, 또는 전문직인 장학사나 교육연구사가 교감으로 전직한 후, 학교장으로 승진하는 경우죠.
그럼, 저희 같은 평교사가 학교장이 되려면 어떻게 하나요?
15년 이상 경력을 가진 교사가 교감을 하지 않고 바로 학교장이 되는 경우를 내부형 교장이라 하고
교육과 관련된 기관이나 단체에서 3년 이상 경력을 가졌던 사람을 개방형 교장이라고 한답니다.

내부형과 개방형 교장은
교장 자격증이 없어도
가능한 건가요?
맞아요.
교장 자격증이 없는 사람도
학교장이 될 수 있답니다.
그러나 교장 자격증이 있는 사람을
학교장으로 초빙하는 것을
초빙교장이라고 부른답니다.
임기는 어떻게 되나요?
학교장의 임기는 4년으로 하되,
1차에 한하여 연임이나 중임을 하면
8년까지도 가능하지요.
그렇군요.
학교장이 되려면
어떻게 준비해야
하죠?
일단 교감으로
승진해야겠지요.
교감을 거치지 않으려면
전문직인 장학사나 교육연구사
시험을 보아서 합격한 후,
일정 기간 경력을
쌓으면 되고요.
이외에는
교장공모제를 통해서
될 수 있답니다.
그럼 일단 교감이나
장학사 또는 교육연구사가
되어야 하겠네요.
그렇답니다.
알려 주셔서
고맙습니다.
교장공모제의 경우에는
누가 학교장으로
초빙하는 건가요?

교육청과 해당 학교의 운영위원회에서 서류 및 면접을 거쳐 선발한답니다.
중학교는 시 교육청에서 하지만 고등학교는 도 교육청에서 50% 평가하고 나머지 50%는 학교운영위원회에서 평가한 후 합산하지요.
교감이 되려면 어떤 준비를 해야 하나요?
우선 승진후보자 명부의 고순위자 순서대로 임용되니 높은 점수를 확보해야겠지요.
점수는 어떻게 얻나요?
경력, 근무성적, 연수성적, 가산점 등이 필요해요.

### 중등 교감으로 승진할 경우

| 항목 \ 내용 | 개방 전 | | 개방 후 | | 비 고 |
|---|---|---|---|---|---|
| | 내 용 | 점 수 | 내 용 | 점 수 | |
| 경 력 | 25년 | 90 | 20년 | 70 | 2008년 12월 31일부터 매해 1년씩 단축 평정 |
| 근무성적 | 2년<br>(60%, 40%) | 80 | 3년<br>(50%, 30%, 20%) | 100 | 2010년 01월 31일부터 적용 |
| 연수성적 | 교육성적<br>연구실적 | 27<br>3 | 교육성적<br>연구실적 | 27<br>3 | 연구대회 입상점수와 학위취득 점수 상향 조정 |
| 가산점 | 공통가산점<br>선택가산점 | 3.5<br>15 | 공통가산점<br>선택가산점 | 3.0<br>10 | 교육과학기술부 장관, 교육감지정 연구학교 등 |
| 합 계 | | 218.5 | | 213 | |

# 교육전문직! 알고 싶어요

지난주에 장학사가 다녀가고 나니 초등학교 시절이 생각이 나네요.
어머, 그런가요.
장학사나 교육연구사는 어떻게 되는 걸까요?
저도 잘 모르겠어요. 지난번 전문직 시험에 응시했던 신 선생님께 여쭈어 볼까요?
신 선생님!
저 말인가요? 무슨 일이라도…….
지난번에 전문직 시험을 보셨잖아요. 어떻게 되고 무슨 일을 하는지 궁금해서요.
해당 시 · 도 교육청과 지역 교육청, 교육과학연구원, 교육위원회 등의 장학지도 업무를 하고요.

교과 교재 개발 및 학습자료 개발 같이 주로 행정적인 일을 한답니다.
신규 교사도 응시할 수 있는 건가요?
그렇진 않아요. 시 · 도마다 선발 기준이 다르지만, 정규교사로 임용된 후에도 일정 기간의 경력이 있어야 가능해요. 자세한 건 시 · 도 교육청 홈페이지에서 보시면 될 거예요.
교육전문직은 교사만 될 수 있는 건가요? 그리고 교육전문직은 시 · 도 교육청에서만 선발하나요?
교사뿐만 아니라 교감도 응시할 수 있어요.
그리고 교육전문직은 선발 기준은 다르지만 교육과학기술부에서도 매년 선발한답니다.
그렇구나. 응시하려면 무엇을 준비해야 하죠?
서류심사와 교육학, 교양, 전공, 기획, 면접시험 등이 있답니다.
예! 알려 주셔서 고마워요. 차근차근 준비하면 되겠네요.

그럼요,
한번 도전해 보세요.
고맙습니다.
힘낼게요.
아 맞다,
심 선생님, 최 선생님!
네?
겨울방학
잘 보내세요~~.

## 경기도 교육청 〈2011년〉 교육전문직

일반전형

| 모집분야 \ 구분 | | 서류 평정점 | 1차 시험 | | | | | 2차 시험 | | |
|---|---|---|---|---|---|---|---|---|---|---|
| | | | 교직·교양 | 전공 | 회화능력 평가 | 기획능력 평가 | 소계 | 면접 | 현장 평가 | 소계 |
| 초등 | 초등 | 33 | 20 | 25 | · | 25 | 70 | 15 | 15 | 30 |
| 유치원 | | 33 | 20 | 25 | · | 25 | 70 | 15 | 15 | 30 |
| 중등 | 일반교과 | 33 | 20 | 25 | · | 25 | 70 | 15 | 15 | 30 |
| | 외국어 (영어, 일본어, 중국어) | 33 | 20 | 15 | 20 | 15 | 70 | 15 | 15 | 30 |
| | 특수 | 33 | 20 | 25 | · | 25 | 70 | 15 | 15 | 30 |
| | 희소교과 | 33 | 20 | · | · | 50 | 70 | 15 | 15 | 30 |

특별전형

| 모집분야 \ 구분 | | 서류 평정점 | 1차 시험 | | | 2차 시험 | | |
|---|---|---|---|---|---|---|---|---|
| | | | 기획능력 평가 | 논술 | 소계 | 면접 | 현장 평가 | 소계 |
| 초등 | 학교혁신 | 33 | 40 | 30 | 70 | 15 | 15 | 30 |
| 중등 | 교육정책 | 33 | 40 | 30 | 70 | 15 | 15 | 30 |
| | 진학지도 | 33 | 40 | 30 | 70 | 15 | 15 | 30 |

◎ 특별전형 배점 환산 방법: 전체에서 서류평정점(10%), 1차시험(60%), 2차시험(30%)

예시) 총득점환산점=(서류평정점 × 10/33)+(1차시험점수 × 60/70)+(2차시험점수)(점수 환산은 소수점 셋째자리에서 반올림)

## 저자 소개 | 남정권

충남대학교 전자공학과 졸업(공학사)
한양대학교 교육대학원 공업교육과 졸업(교육학 석사)
한양대학교 일반대학원 교육공학과 졸업(교육공학 박사, Ph. D.)
가톨릭대, 성결대, 숙명여대, 인천대, 인하대, 한양대 강의
2005 수능평가기준 개발위원(한국직업능력개발원)
정보소양인증시험 출제위원(한국교육학술정보원)
교육과정 심의위원(교육과학기술부)
2종 교과서 심의위원(교육과학기술부)
출판사업 기획위원(한국교육신문)
전국실천중심 교수 · 학습자료 협의회장(교육과학기술부)
현) 인천대학교 · 순천향대학교 강의
국정도서 집필위원(한국직업능력개발원)
전국교육자료전 심사위원(한국교원단체총연합회)
한국교원단체총연합회 홍보위원
경기도교원단체총연합회 교섭위원 및 부대변인

### ✲ 주요 논저

「학교의 정보통신기술 교육에 있어서 교육공학의 역할」, 춘계학술대회(한국교육공학연구회, 2002)
「2005 수능 직업탐구영역의 과목별 성취기준과 평가기준 개발」(한국직업능력개발원, 2003)
「진정한 이러닝을 위한 EBS 수능 인터넷 강의 전략」(한국교육공학연구회, 2004)
「웹 기반 학습 환경에서 집단유형과 과제유형에 따른 자기조절학습 효과에 관한 연구」(교육방법연구, 2005)
「학교교육에서 SNS의 교육적 활용: 제13회 교육정보화 수요포럼」(한국교육학술정보원, 2010)
「고등학교 기업가 정신」(중소기업청, 2011)
『EBS 수능 choice 정보기술기초』(한국교육방송공사, 2003)
『시선집중 정보기술기초 문제집』(천재교육, 2004)
『최종점검 직업탐구 공업계열』(천재교육, 2005)
『WBI 환경과 자기조절학습』(한국학술정보(주), 2006)
『체제적 ICT 활용 수업의 이론과 실제』(원미사, 2007)
『블로그 활용 수업의 실제』(교육과학사, 2008)
『블렌디드 수업 설계 전략』(한국학술정보(주), 2008)
『고등학교 디지털 논리 회로』(교육과학기술부, 2011)

만화로 보는 **교직실무**

2011년 7월 5일 1판 1쇄 인쇄
2011년 7월 15일 1판 1쇄 발행

지은이 • 남정권
펴낸이 • 김진환
펴낸곳 • (주) 학지사
121-837 서울특별시 마포구 서교동 352-29 마인드월드빌딩 5층
대표전화 • 02)330-5114 팩스 • 02)324-2345
등록번호 • 제313-2006-000265호

홈페이지 • http://www.hakjisa.co.kr
커뮤니티 • http://cafe.naver.com/hakjisa

ISBN 978-89-6330-574-5 03370

정가 13,000원

원더풀 * 티처스 시리즈

# 선생님은 해결사

박성희 외 공저 | 전 10권 | 각권 11,000원
2010년 · 크라운판변형
ISBN 978-89-92654-23-4(set)

| | | | |
|---|---|---|---|
| 01 | 선생님은 해결사 **교사-학생관계** 편 | 152면 | ISBN 978-89-92654-24-1 |
| 02 | 선생님은 해결사 **또래관계** 편 | 168면 | ISBN 978-89-92654-25-8 |
| 03 | 선생님은 해결사 **주의산만한 행동** 편 | 144면 | ISBN 978-89-92654-26-5 |
| 04 | 선생님은 해결사 **폭력행동** 편 | 168면 | ISBN 978-89-92654-27-2 |
| 05 | 선생님은 해결사 **학습** 편 | 192면 | ISBN 978-89-92654-28-9 |
| 06 | 선생님은 해결사 **집착** 편 | 184면 | ISBN 978-89-92654-29-6 |
| 07 | 선생님은 해결사 **다문화** 편 | 224면 | ISBN 978-89-92654-30-2 |
| 08 | 선생님은 해결사 **특수아동** 편 | 208면 | ISBN 978-89-92654-31-9 |
| 09 | 선생님은 해결사 **성과 이성** 편 | 192면 | ISBN 978-89-92654-32-6 |
| 10 | 선생님은 해결사 **학부모** 편 | 184면 | ISBN 978-89-92654-33-3 |